Hannah Stockhammer

I see poetry

AF216181

Hannah Stockhammer

I see poetry

Gedichte und Texte

Schau vorbei:
Website: wunderlauschen.home.blog
Instagram: @bauchgefuehlmomentesammlerin

Impressum
Bibliografische Information der Deutschen Nationalbibliothek:
Die Deutsche Nationalbibliothek verzeichnet diese Publikation in
der Deutschen Nationalbibliografie; detaillierte bibliografische
Daten sind im Internet über http://dnb.dnb.de abrufbar.

© 2020 Hannah Stockhammer

Lektorat: Michael Busse-Roth, Maximilian von Linden
Umschlagillustration/Kalligraphie: Michèle Greiner
Herstellung und Verlag: BoD – Books on Demand, Norderstedt

ISBN: 978-3-7504-8704-8

Beim Schreiben lasse ich die Wörter tanzen,
wo sie sonst nur stolpern.

Beim Schreiben lasse ich die Wörter fliegen,
wo sie sonst nur fallen.

Beim Schreiben lasse ich die Wörter frei,
wo sie sonst zwischen Gedanken gefangen sind.

ich

Selbstsuche

Ich bin auf der Suche nach mir selbst
Suche überall
Kann mich nicht finden
Wo bin ich?

Ich bin auf der Suche nach mir selbst
Suche weiter
Finde mich nicht
Gibt es mich vielleicht gar nicht?

Ich bin auf der Suche nach mir selbst
Suche alles ab
Ich scheine nirgends zu sein
Werde ich mich jemals finden?

Ich bin auf der Suche nach mir selbst
Plötzlich finde ich Teile von mir
Überall verteilt
Wo ich schon gesucht habe

Ich bin auf der Suche nach mir selbst
Suche in meinem Zuhause
Suche in meinem Freundeskreis
Suche an Orten, an denen ich gerne bin

Ich bin auf der Suche nach mir selbst
Suche in meinen Gedanken
Suche in meinen Gefühlen
Suche in meinen Handlungen

Ich bin auf der Suche nach mir selbst
Suche in meinen Stärken
Suche in meinen Schwächen
Suche dort, wo ich gut bin

Ich bin auf der Suche nach mir selbst
Finde mich Stück für Stück
Überall dort
Wo ich bin

Karussell

Auf und ab
Hin und her
Rundherum
Immer im Kreis

Zwischendurch ein Halt
Die einen steigen aus
Die anderen steigen ein
Dann weiter im Kreis

Ein bisschen Musik
Lichter gehen an und aus
Farbe überall
Immer weiter im Kreis

Leute am Rand winken
Jede Runde wieder
Kameras blitzen
Immer weiter im Kreis

Die Welt außenherum verschwimmt
Wird zu Farbflecken in der Dunkelheit
Alles dreht sich
Immer weiter im Kreis

Ein Auf und Ab der Gefühle
Ich will raus will doch bleiben
Mir ist schwindelig
Immer weiter im Kreis

Ein Halt
Leute verlassen mich
Neue kommen dazu
Dann weiter im Kreis

Die Musik ist zu laut
Die Lichter zu grell
Die Farben zu bunt
Immer weiter im Kreis

Die immer gleichen Leute am Rand winken
Schauen mir zu
Ich bin geblendet von den Kameras
Immer weiter im Kreis

Ich erkenne die Welt außenherum nicht mehr
Sie verschwimmt zu Schatten
Alles dreht sich
Immer weiter im Kreis

Ich stecke fest
Bin gefangen
Will hier raus
Immer weiter im Kreis

Wieder ein Halt
Ich will aussteigen
Schaffe es nicht
Dann weiter im Kreis

Die Musik hält mich fest
Weckt Erinnerungen
Spielt sie ab
Immer weiter im Kreis

Keiner bemerkt wie es mir geht
Sie schauen zu
Sehen aber nichts
Immer weiter im Kreis

Ich bin gefangen im Karussell
Kann nicht anhalten
Drehe mich auf der Stelle
Immer weiter im Kreis

Meine Gefühle schwanken
Ich lache ich weine
Bin verwirrt
Immer weiter im Kreis

Wieder ein Halt
Die Leute steigen aus und gehen einfach
Sie sind weg
Dann weiter im Kreis

Immer das gleiche Lied
Packt mich
Reißt mich in die Vergangenheit
Immer weiter im Kreis

Die Leute am Rand verlieren das Interesse
Drehen sich um und gehen
Vergessen was sie gesehen haben
Immer weiter im Kreis

Ein Strudel aus Gedanken packt mich
Ich verliere langsam den Halt
Das Karussell dreht sich
Immer weiter im Kreis

Auf und ab
Hin und her
Rundherum
Immer im Kreis

Zwischendurch ein Halt
Die einen steigen aus
Die anderen steigen ein
Dann weiter im Kreis

Ein bisschen Musik
Lichter gehen an und aus
Farbe überall
Immer weiter im Kreis

Leute am Rand winken
Jede Runde wieder
Kameras blitzen
Immer weiter im Kreis

Die Welt außenherum verschwimmt
Wird zu Farbflecken in der Dunkelheit
Alles dreht sich
Immer weiter im Kreis

Hoffnungssuche

Ich habe auf der Suche nach Hoffnung einen Stern gefunden.
Er leuchtete mitten in der Dunkelheit.
Strahlte einfach.

Ich habe auf der Suche nach Hoffnung einen Stern gefunden.
Auf den ersten Blick richtete er nicht viel aus.
Es war schließlich immer noch dunkel um ihn herum.

Ich habe auf der Suche nach Hoffnung einen Stern gefunden.
Eigentlich war es ein hoffnungsloses Unterfangen.
Er würde niemals diese riesige Dunkelheit erhellen können.

Ich habe auf der Suche nach Hoffnung einen Stern gefunden.
Trotz dieser Hoffnungslosigkeit strahlte er einfach weiter
und erleuchtete einen kleinen Teil der Dunkelheit.

Ich habe auf der Suche nach Hoffnung einen Stern gefunden.
Er leuchtete gerade wegen dieser Hoffnungslosigkeit immer
weiter.
Er erhellte diesen kleinen Teil der Dunkelheit.

Ich habe auf der Suche nach Hoffnung einen Stern gefunden.
Und ich habe verstanden, dass mit der Zeit weitere Sterne
dazukommen werden,
die Stück für Stück den Rest der Dunkelheit ausleuchten.

das kleine mädchen in mir

ich erinnere mich an sie
das kleine mädchen von früher
fröhlich
sorglos
munter

tief in mir wohnt sie noch
das kleine mädchen von früher
mit tränen in den augen
verängstigt
ruhig

ich vermisse sie
das kleine mädchen von früher
offen
strahlend
stark

tief in mir versteckt ist sie noch da
das kleine mädchen von früher
in eine ecke gedrängt
traurig
müde

zwischendurch kommt sie raus
das kleine mädchen von früher
lebensfroh
leicht zu begeistern
nicht unterzukriegen

sie sitzt allein in einer ecke
das kleine mädchen in mir
müde vom leben
völlig zurückgezogen
abgekämpft

es gibt sie noch
das kleine mädchen von früher
lebendig
kämpferisch
standhaft

ich brauche sie noch
das kleine mädchen von früher
zeige ihr das schöne am leben
kämpfe an ihrer seite
wir werden gemeinsam gewinnen

Leuchtturm

Der Leuchtturm schickt seine Strahlen
durch den Nebel,
mein Leben,
wenn alles zu verschwinden scheint,
ich keine Orientierung mehr habe.

Der Leuchtturm schickt seine Strahlen
durch die Nacht,
meinen Tag,
weil ich nicht schlafen kann,
wenn die Dunkelheit die Angst mitbringt.

Der Leuchtturm schickt seine Strahlen
durch das Gewitter,
meine Gedanken,
die wie Blitze durch meinen Kopf zucken,
so laut wie Donner grollen.

Der Leuchtturm schickt seine Strahlen
durch den Sturm,
meine Gefühle,
die unkontrolliert herumwirbeln,
alles durcheinanderbringen.

Der Leuchtturm schickt seine Strahlen
durch die Flut,
meine Angst,
die in Wellen heranrollt,
über mir zusammenschlägt.

Der Leuchtturm schickt seine Strahlen
auf den Weg,
meinen Weg,
wenn ich im Dunkeln stehe,
nicht mehr weiß, wohin.

Der Leuchtturm schickt seine Strahlen,
lichtet den Nebel,
mein Leben.
Mein Blick wird wieder klar,
ich finde Halt.

Der Leuchtturm schickt seine Strahlen,
erhellt die Nacht,
meinen Tag.
Lässt mich zur Ruhe kommen,
vertreibt die Angst.

Der Leuchtturm schickt seine Strahlen,
stoppt das Gewitter,
meine Gedanken.
Verlangsamt sie,
sorgt für Ruhe.

Der Leuchtturm schickt seine Strahlen,
beruhigt den Sturm,
meine Gefühle.
Kontrolliert sie wieder,
bringt sie in Ordnung.

Der Leuchtturm schickt seine Strahlen,
nimmt der Flut ihre Kraft,
meiner Angst.
Lässt die Wellen ausrollen,
hält mich über Wasser.

Der Leuchtturm schickt seine Strahlen,
zeigt mir den Weg,
meinen Weg.
Lässt mich nicht im Dunkeln stehen,
führt mich, wenn ich ihm folge.

Wenn ich jetzt zurückdenke

Meine traurigen Erinnerungen sind nicht nur traurig.
Meistens steckte wenigstens ein Funke Hoffnung in ihnen.
Ich musste ihn nur erst finden.

Ein Ende hat nie bedeutet, dass alles aufhört.
Es war immer ein neuer Anfang.
Ich musste nur lernen, etwas Neues zuzulassen.

Die Nächte waren nie nur dunkel.
Denn ich konnte die Sterne sehen.
Ich musste nur die Augen aufmachen und nach oben schauen.

Schlechte Tage waren nie nur schlecht.
Es waren immer auch schöne Momente dabei.
Ich musste sie nur suchen.

Meine Tränen waren nie ein Zeichen für Schwäche.
Sie haben Altes weggewaschen und Platz für Neues geschaffen.
Ich musste sie nur zulassen.

Es sind viele Sachen passiert, die schlimm für mich waren.
Aber ich habe daraus gelernt.
Ich musste mir nur die Zeit nehmen, die Sachen zu verarbeiten.

Ich habe mich in der Zeit verändert.
Bin vielleicht sogar daran gewachsen.
Ich musste nur die Veränderung annehmen.

Ich habe mich in der Zeit manchmal selber verloren.
Aber ich habe nicht aufgegeben und mich wiedergefunden.
Ich musste nur lange genug suchen.

Ich bin immer wieder vom Weg abgekommen.
Aber ich habe neue Wege gefunden, die ich gehen konnte.
Ich musste nur nach vorne schauen und weitergehen.

Es gab Momente, in denen es mir zu viel wurde.
Aber ich habe immer weitergemacht.
Ich musste nur wieder neuen Mut finden.

Ich bin oft gefallen.
Aber ich bin wieder aufgestanden.
Ich musste nur manchmal neue Kraft sammeln.

Ich habe mich immer wieder alleine gefühlt.
Aber ich habe absolut wunderbare Freunde um mich.
Ich musste nur erkennen, dass sie immer für mich da sind.

Wenn ich jetzt zurückdenke,
habe ich in den traurigen Erinnerungen immer ein bisschen
Hoffnung gefunden,
die mich dazu gebracht hat, weiterzumachen.

Wenn ich jetzt zurückdenke,
hatte ich jeden Tag die Chance,
neu anzufangen und etwas zu verändern.

Wenn ich jetzt zurückdenke,
haben die Sterne jede Nacht einen Teil der Dunkelheit erhellt,
sodass immer ein bisschen Licht da war.

Wenn ich jetzt zurückdenke,
hatte jeder schlechte Tag mindestens einen schönen Moment,
der so viel mehr wiegt als die schlechten.

Wenn ich jetzt zurückdenke,
habe ich zu manchen Zeiten zu wenig geweint,
sodass das Alte nicht rausgewaschen werden konnte.

Wenn ich jetzt zurückdenke,
war der Kampf hart, ist es manchmal immer noch,
aber ich habe immer weitergekämpft.

Wenn ich jetzt zurückdenke,
habe ich unglaublich viel daraus gelernt,
auch wenn ich manches davon lieber nicht erlebt hätte.

Wenn ich jetzt zurückdenke,
war meine Veränderung gut und wichtig für mich,
auch wenn ich mich manchmal nicht mehr erkannt habe.

Wenn ich jetzt zurückdenke,
habe ich mich nie ganz,
sondern nur aus dem Blick verloren.

Wenn ich jetzt zurückdenke,
bin ich froh, dass ich vom Weg abgekommen bin,
weil ich meine Wege sonst nie entdeckt hätte.

Wenn ich jetzt zurückdenke,
frage ich mich manchmal,
woher ich den Mut genommen habe, nie aufzugeben.

Wenn ich jetzt zurückdenke,
bin ich mir sicher,
dass ich ohne die Kraft von anderen nicht so oft wieder
aufgestanden wäre.

Wenn ich jetzt zurückdenke,
bin ich so froh um meine Freunde,
die mir immer wieder Mut und Kraft gegeben haben.

Wenn ich jetzt zurückdenke,
kann ich endlich akzeptieren,
was passiert ist und wie ich darauf reagiert habe.

Den Kopf frei kriegen

Schwimmen

Eintauchen in das kühle Wasser
Den Widerstand spüren
Die Stille wahrnehmen
Alles Negative abwaschen
Ihm davonschwimmen
Den Kopf frei kriegen

Tanzen

Eintauchen in die Musik
Die fließenden Bewegungen spüren
Den Rhythmus im ganzen Körper wahrnehmen
Allem Negativen davonspringen
Es einfach wegdrehen
Den Kopf frei kriegen

Baum

Ich wäre gern ein Baum
Fest verwurzelt in der Erde
Sodass mich nichts entwurzeln kann

Ich wäre gern ein Baum
Stark und stabil
Sodass mich nichts umwerfen kann

Ich wäre gern ein Baum
Mit einer festen Rinde
Sodass mich nichts verletzen kann

Ich wäre gern ein Baum
Mit einem dicken Stamm
Sodass ich jedem Sturm trotzen kann

Ich wäre gern ein Baum
In Ringen wachsend
Sodass ich jedes Jahr stärker werde

Ich wäre gern ein Baum
Ganz hoch
Sodass ich möglichst nah an den Sternen bin

Blick in den Spiegel

Ich schaue in den Spiegel.
Was sehe ich?
Ich sehe mein Spiegelbild.
Aber was genau sehe ich da?

Ich sehe Gedanken,
die endlos kreisen und mich verwirren.
Aber ich sehe auch Ruhe,
die die Gedanken etwas verlangsamen kann.

Ich sehe alte Verletzungen
von Kämpfen, die ich geführt habe.
Aber ich sehe auch ein Lächeln,
weil sie zeigen, dass ich es bis jetzt geschafft habe.

Ich sehe Zweifel
an Dingen, die ich getan habe.
Aber ich sehe auch Kampfgeist,
das Beste daraus zu machen.

Ich sehe Angst,
weil ich nicht weiß, was passieren wird.
Aber ich sehe auch Hoffnung,
dass es sich zum Guten wendet.

Ich sehe Verzweiflung,
weil die Angst mich fertig macht.
Aber ich sehe auch Zuversicht,
dass alles gut wird.

Ich sehe Müdigkeit,
weil vieles anstrengend ist.
Aber ich sehe auch Lebensfreude,
weil die schönen Momente zählen.

Ich sehe Enttäuschung
mir gegenüber wegen Dingen, die ich getan habe.
Aber ich sehe auch Musik,
die mich von der Enttäuschung wegträgt.

Ich sehe Unsicherheit,
wie es weitergehen wird.
Aber ich sehe auch Tanz,
der mich frei macht.

Ich sehe Vorwürfe
mir selbst gegenüber.
Aber ich sehe auch Akzeptanz
für die Dinge, die geschehen sind.

Ich sehe Traurigkeit
über das, was passiert ist.
Aber ich sehe auch Mut,
das hinter mir zu lassen und neu anzufangen.

Ich sehe jemanden,
der Fehler gemacht hat.
Ich sehe jemanden,
der aus den Fehlern lernt.

Ich schaue in den Spiegel.
Was sehe ich?
Ich sehe mich mit allem,
was zu mir gehört.

Flug durch die Musik

Der Körper ist ein Notenschlüssel.
Er hält, gibt die Form vor.
Die Flügel sind Notenlinien.
Fein und zart tragen sie durch das Lied.
Die Federn sind die Noten.
Fügen alles zu Melodien zusammen.

Halt

Ich brauche Halt,
will es im Griff haben.
Aber manchmal verliere ich den Halt,
es gleitet mir einfach aus den Händen.

Ich suche wieder neuen Halt,
taste mich vorsichtig voran.
Aber ich versuche auch, Halt zu geben,
anderen meine Hand zu reichen.

Ich will dich festhalten,
will dich nicht loslassen.
Aber ich muss auch mich festhalten,
brauche Sicherheit.

Was hält mich hier,
lässt mich immer noch bleiben?
Wer hält mich,
wenn ich falle?

Ich will alles irgendwie zusammenhalten,
wenn es auseinanderfällt.
Deswegen müssen auch wir zusammenhalten,
füreinander da sein.

Ich will niemanden zurückhalten,
an etwas hindern.
Deswegen halte ich mich zurück,
sage nichts.

Ich will allem standhalten,
mich nicht davon beeinflussen lassen.
Aber dazu muss ich mich in Stand halten,
für mich sorgen.

Eine aufrechte Haltung ist wichtig,
immer gerade zu stehen.
Aber was ist mit der inneren Haltung,
wie ich zu Dingen stehe?

Ich will niemanden aufhalten,
ihm im Wege stehen.
Deswegen will ich meine Tür aufhalten,
Möglichkeiten geben.

Ich sollte zu mir halten,
zu mir stehen.
Aber gleichzeitig will ich meinen Kopf zuhalten,
nichts mehr raus- oder reinlassen.

Ich will anhalten,
das hier stoppen.
Aber ich muss mich ranhalten,
immer weitermachen.

Ich will mich an das halten,
was ich versprochen habe.
Deswegen muss ich mich an jemanden halten,
dem ich vertraue.

Ich will dich behalten,
will dich nicht mehr gehen lassen.
Deswegen will ich deine Hand halten,
sie nicht mehr loslassen.

Ich will irgendwie aber auch Abstand halten,
nicht zu viel an mich heranlassen.
Deswegen muss ich versuchen, das Gleichgewicht zu halten,
nicht umzufallen.

Manchmal muss ich das Wackeln eine Weile aushalten,
die Balance wieder finden.
Aber dazu muss ich stillhalten,
ruhig werden.

Ich verhalte mich so, als wäre alles in Ordnung,
auch wenn es mir schwerfällt.
Aber ich werde durchhalten,
werde das schaffen.

Ich werde mein Wort halten
und nicht aufgeben.
Aber zwischendurch sollte ich Halt machen,
eine Pause einlegen.

Ich sollte mich öfter mit jemanden unterhalten,
über alles reden.
Aber ich kann mich nicht für wichtig halten,
wenn es jemand anders nicht gut geht.

Also halte ich mich weiter über Wasser,
versuche nicht unterzugehen.
Aber ich kann zwischendurch eine Hand hochhalten,
wenn es nicht mehr geht.

Und es kann mir keiner vorhalten,
dass ich mich nicht bemühe.
Denn ich halte mich gut,
ich gebe nicht auf.

Halt mich fest,
lass mich nicht mehr los.
Gib mir Halt,
zeig mir, dass ich sicher bin.

Sternentrunken

Zaubergenießend Vertrauen schenken
Glückskuschelnd frei sein
Funkellachend Licht in die Dunkelheit zaubern
Musikatmend Zuversicht finden
Wörterleuchtend über Wunderdinge sprechen
Wunderlauschend in die Stille hören
Hoffnungspflückend glauben lernen
Bauchgefühlmomenteflüsternd Unendlichkeit wahr machen
Lebenstanzend durch Momente fliegen
Purzelreisend neue Welten entdecken
Sternentrunken durch die Nacht laufen
Glitzerschwebend Leichtigkeit spüren

Meine schwarze Mauer

grenzenlos
riesig
vollkommen glatt

dunkel
bedrohlich
unendlich

stark
stabil
standhaft

pechschwarz
undurchdringlich
viel zu nah

das ist sie
meine mauer
meine mauer vor der zukunft

gewaltig
wenn ich an die zukunft denke
etwas planen will

unbemerkt
wenn ich im jetzt bin
nicht weiterdenke

sie wächst ins unendliche
rückt bedrohlich näher
wenn mich jemand danach fragt

rückt zur seite
stört mich nicht
wenn ich den moment genieße

sie verdunkelt alles
lässt mich allein im schwarz zurück
wenn ich nur an das wort denke

lässt mich in ruhe
lässt mir die farben und meine menschen
wenn ich einfach nur da bin

sie verhindert pläne
drängt mich zurück
lässt mich nicht nach vorne schauen

ich will jeden moment festhalten
für immer behalten
klammere mich verzweifelt am jetzt fest

aber ich werde von der dunkelheit verschluckt
kann nichts mehr sehen
verliere den halt

außer ich bleibe hier
denke nicht weiter
plane nicht voraus

sonst verschluckt mich das schwarz
umschlingt meine gedanken
lässt mich verschwinden

deswegen lebe ich gern im jetzt
genieße jeden schönen moment
vermeide gedanken an die zukunft

denn die macht mir angst
erscheint so bedrohlich
ist so ungewiss

der moment jetzt gehört mir
ich habe ihn in gewisser weise unter kontrolle
kann ihn jetzt so leben wie ich will

was später ist weiß ich nicht
kann ich nicht kontrollieren
es steht nicht in meiner macht

jetzt ist meine zeit
ich weiß was war
ich weiß was ist

ich will nicht wissen was sein wird
was alles passieren wird
was sich alles verändert

wer ich war zählt nicht mehr
wer ich sein werde ist ungewiss
wer ich bin ist wichtig

aber ständig will jemand wissen
was ich vorhabe
wie meine zukunft ausschauen soll

warum fragen sie nicht
was jetzt ist
wie es mir gerade geht

vor meiner zukunft ist meine mauer
tiefschwarz und riesig steht sie direkt vor mir
verwehrt mir jeden blick

nur du kannst die mauer ein stück weit nach hinten schieben
nur du kannst mir so einen blick auf meine zukunft ermöglichen
nur du bringst die farben hinter der mauer zurück

mit dir schaue ich zum ersten mal wieder gern nach vorne
mir dir plane ich wieder gern etwas das noch weiter weg ist
mit dir will ich endlich wissen was hinter der mauer wartet

es ist immer noch wichtig wer ich bin
aber es zählt auch wieder wer ich sein werde
es zählt wer wir sein werden

Ich

Da ist eine, die mutig ist.
Da ist eine, die voller Freude ist.
Da ist eine, die gerne lacht.
Da ist eine, die Selbstvertrauen hat.
Da ist eine, die stolz auf das ist, was sie geleistet hat.
Da ist eine, die stark ist und nicht aufgibt.
Da ist eine, die ihr Bestes gibt und damit zufrieden ist.
Da ist eine, die sich so akzeptiert, wie sie ist.
Da ist eine, die sich über die kleinen Dinge freut.

Aber da ist auch eine, die Angst hat.
Da ist eine, die wütend ist.
Da ist eine, die sich hilflos fühlt.
Da ist eine, die manchmal das Gefühl hat, versagt zu haben.
Da ist eine, die zweifelt.
Da ist eine, die manchmal am liebsten aufgeben würde.
Da ist eine, die überfordert ist.
Da ist eine, die sich zu viele Gedanken macht.
Da ist eine, die sich weigert, an die Zukunft zu denken.

Aber sie und noch viele mehr gehören alle zu mir.
Zusammen sind wir Ich, wie ich bin.

Manchmal bin ich schön

Du hast mich gefragt, ob ich mich schön finde.
Ich habe zuerst gezögert und dann geantwortet, dass ich
Menschen allgemein nicht unbedingt als schön bezeichnen
würde.
Du hast es dabei belassen, aber ich habe weiter darüber
nachgedacht.

Schön ist für mich, wenn ich es gern anschaue.
Schön ist für mich, wenn ich es immer wieder anschauen will.
Schön ist für mich, wenn ich mich damit wohlfühle.

Demnach finde ich mich manchmal schön.

Es gibt Tage, da bin ich mit mir zufrieden und schaue mich gern
an.
Es gibt Tage, da schaue ich mich immer wieder im Spiegel an und
freue mich darüber.
Es gibt Tage, da fühle ich mich wohl, so wie ich bin.

Es gibt auch die Tage, an denen ich an mir zweifle, wenig
Schönes an mir finden kann.
Es gibt die Tage, an denen ich mich nicht so gerne ansehe,
beinah schon nach Fehlern suche.
Es gibt die Tage, an denen ich mich nicht wirklich mit mir
wohlfühle.

Aber manchmal bin ich schön.

An diesen Tagen lächle ich mich im Spiegel an.
An diesen Tagen bin ich ich.
An diesen Tagen genieße ich das Gefühl, ich zu sein.

Manchmal bin ich schön.

Auf mich achten

Auf mich zu achten
ist doch einfach.
Ich gönn mir halt mal was,
dann passt das schon.

Auf michzu achten
ist schwerer als gedacht.
Es ist mehr als mir mal was zu gönnen,
es sind die alltäglichen Dinge

Auf mich zu achten
ist manchmal verdammt schwer.
Wenn ich gleichzeitig Leistung bringen muss,
wenn andere etwas von mir erwarten.

rechtzeitig schlafen gehen auch wenn es noch so viel zu tun
gäbe
auf meinen körper hören auch wenn es nicht üblich ist
ans essen denken auch wenn es zeitlich grade schwierig ist

pausen machen wenn ich sie gerade brauche
nein sagen wenn es gerade nicht geht
nach einer umarmung fragen wenn ich gerade eine brauche

ein buch lesen weil ich viel zu wenig dazukomme
musik hören weil es gut tut
tanzen weil ich mich dabei frei fühle

Auf mich zu achten
ist nicht immer einfach.
Es heißt, mir Zeit für mich zu nehmen,
etwas für mich zu tun.

Lebenstänzerin

Eine Tänzerin
tanzt, egal was passiert.
Eine Tänzerin
macht trotz einer Verletzung weiter.
Eine Tänzerin
lässt sich nichts anmerken.

Eine Tänzerin
tanzt bis zum Ende.
Eine Tänzerin
zeigt ihren Schmerz nicht.
Eine Tänzerin
lernt aus ihren Fehlern.

Eine Tänzerin
tanzt ihre Musik.
Eine Tänzerin
verleiht allem etwas Leichtigkeit.
Eine Tänzerin
macht es zu einem Teil des Tanzes, wenn sie stolpert.

Ich bin eine Tänzerin.
Eine Lebenstänzerin.

Heldin

Ich versuche, die Heldin in meiner eigenen Geschichte zu sein,
aber ich scheitere immer wieder,
mache Fehler.

Ich versuche, die Heldin in meinem Leben zu spielen,
aber ich verliere Kämpfe,
versage immer wieder.

Ich versuche, die perfekte Heldin zu sein,
aber ich sehe mich nicht als Heldin,
bin alles andere als perfekt.

Vielleicht muss eine Heldin auch nicht immer perfekt sein,
vielleicht darf sie auch mal Fehler machen,
einen Kampf verlieren.

Vielleicht muss eine Heldin nicht immer alles auf den ersten
Versuch schaffen,
vielleicht reicht es manchmal, nicht aufzugeben,
es immer wieder zu probieren.

Vielleicht bin ich eine Heldin in meiner Geschichte,
weil ich ihr immer wieder eine neue Richtung geben kann,
weil ich immer wieder aufstehe und weitermache.

lebenshungrig

wieder aufgewacht
von der Sonne wachgekitzelt
lebenshungrig
voller Tatendrang

wieder bereit
mein Leben in die Hand zu nehmen
lebenshungrig
voller Tatendrang

noch ein bisschen vorsichtig
unsicher ob ich dem Ganzen trauen soll
dennoch lebenshungrig
voller Tatendrang

noch abwartend
was genau passieren wird
dennoch lebenshungrig
voller Tatendrang

wieder dabei Momente zu sammeln
mir mein Leben zurückzuholen
lebenshungrig
voller Tatendrang

wieder mitten im Leben
auf der Suche nach den kleinen Dingen
lebenshungrig
voller Tatendrang

Mehr Leben

Ich habe endlich wieder mehr gute als schlechte Tage.
Kann die guten wieder mehr genießen,
die schlechten gehören eben auch dazu.
Und das ist dann auch okay,
weil es mir dann eben mal nicht so gut geht.
Aber das ist nicht mehr so oft
und ich fühl mich wieder wohler in meiner Haut.
Da ist endlich wieder mehr Leben in meinem Leben.

Ich bin endlich wieder mehr aktiv als müde.
Liebe es, mich zu bewegen,
will wieder nach draußen in die Welt.
Schlaf immer noch nicht immer gut,
bin immer noch manchmal müde.
Aber es hält mich nicht mehr davon ab,
mir mein Leben zurückzuholen.
Da ist endlich wieder mehr Leben in meinem Leben.

Ich bin endlich wieder mehr ausgelassen als in Gedanken
gefangen.
Kann mich wieder mehr über Sachen freuen,
weiß sie wieder mehr zu schätzen.
Versinke immer noch manchmal in Gedanken,
glaube, nicht mehr rauszukommen.
Aber das ist nur ein Moment
und nicht mehr die ganze Zeit.
Da ist endlich wieder mehr Leben in meinem Leben.

Ich fühl mich endlich wieder leichter als ständig von der Last der
Gedanken runtergezogen.
Ich kann wieder frei atmen,
kann wieder fliegen.
Die Gedanken sind immer noch manchmal viel zu schwer,
aber ich kann sie auch mal abgeben.
Kann sie mal liegenlassen
und eine Weile abheben.
Da ist endlich wieder mehr Leben in meinem Leben.

Ich bin endlich wieder mehr lebenshungrig als lebensmüde.
Ich will mir mein Leben wieder zurückholen,
es selber in die Hand nehmen.
Ich bin nicht mehr so müde,
dass mir alles egal ist.
Ich will aufstehen,
auf meinen eigenen Beinen stehen.
Da ist endlich wieder mehr Leben in meinem Leben.

Ich bin endlich wieder mehr zuversichtlich als am Verzweifeln.
Ich glaube wieder daran, dass alles gut wird,
dass alles einen Weg findet.
Und ich zweifle immer noch manchmal,
fühle mich zwischendurch hoffnungslos.
Aber es überwiegt nicht mehr
und ich kann es meistens besser kontrollieren.
Da ist endlich wieder mehr Leben in meinem Leben.

Ich kann manche Dinge endlich wieder gelassener anschauen
und nicht gleich in Panik ausbrechen.
Ich kann manchmal einfach mit den Schultern zucken
und es sein lassen.
Es geht nicht bei allem
und oft kostet es mich unglaublich viel Kraft.
Aber es wird besser
und ich bin wieder ruhiger.
Da ist endlich wieder mehr Leben in meinem Leben.

Ich habe endlich wieder mehr Kraft als ich brauche.
Ich kann auch wieder was für andere tun,
ohne mich dabei kaputtzumachen.
Manchmal mute ich mir vielleicht immer noch zu viel zu,
manchmal habe ich trotzdem das Gefühl, dass ich nicht mehr
kann.
Aber ich lerne meine Grenzen kennen und akzeptieren
und ich schaffe es auch wieder, meine Schüssel aufzufüllen.
Da ist endlich wieder mehr Leben in meinem Leben.

Ich blühe endlich wieder mehr als zu welken.
Ich genieße wieder die Sonnenstrahlen,
blühe unter ihnen auf.
Habe immer noch Tage, an denen die Sonne nicht reicht,
an denen ich am liebsten verschlossen bleiben möchte.
Aber ich halte bis zum nächsten Tag durch,
an dem die Sonne wieder stärker strahlt.
Da ist endlich wieder mehr Leben in meinem Leben.

Ich fühle mich endlich wieder mehr wie ich und nicht mehr wie
eine Fremde in meinem Leben.
Ich bin wieder gerne ich,
genieße es sogar.
Bin immer noch nicht immer völlig zufrieden mit mir,
zweifle manchmal an mir, wenn ich in den Spiegel schaue.
Aber ich kann mir am nächsten Tag auch wieder in die Augen
schauen
und mein Spiegelbild ehrlich anlächeln.
Da ist wieder mehr Leben in meinem Leben.

Ich habe endlich wieder mehr Liebe für mein Leben als
Ablehnung.
Ich kann es endlich wieder annehmen, so wie es ist,
lebe es wieder gern.
Auch wenn ich mein Leben manchmal gern umtauschen würde,
immer noch gern so viel verändern würde.
Aber ich fange an, es als mein Leben zu akzeptieren
und die Probleme als Herausforderungen zu sehen.
Da ist endlich wieder mehr Leben in meinem Leben.

Ich tanze endlich wieder mehr als zu stolpern.
Habe meine Choreografie wieder gefunden
und etwas verändert,
aber ich habe wieder eine Richtung
und stolpere nicht von einem Bein aufs andere.
Ich kann aber auch wieder loslassen
und eine Weile improvisieren, solange die Musik nicht aufhört zu
spielen.
Da ist endlich wieder mehr Leben in meinem Leben.

Unschubladisierbar

Ich bin eine, die loslacht,
wenn sie etwas lustig findet,
weil ich glaube,
dass beim Lachen Probleme sterben.
Und ich habe genug Probleme,
sodass es nicht so schlimm ist,
wenn es ein paar weniger sind.

Ich bin aber auch eine, die weint,
wenn sie traurig ist,
weil ich glaube,
dass beim Weinen Altes rausgewaschen wird, um Platz für Neues
zu schaffen.
Und es gibt genug Altes,
das ich nicht mehr unbedingt brauche,
weil es irgendwann zu schwer wird.

Ich bin eine, die andere anlächelt,
wenn sich die Blicke begegnen,
weil ich glaube,
dass ein kleines Lächeln manchen den Tag retten kann.
Und es gibt genug Leute,
die ein Lächeln brauchen können,
damit sie es danach weitergeben können.

Ich bin aber auch eine, die unsicher ist,
wenn ich nicht weiß, was auf mich zukommt,
obwohl ich glaube,
dass mir das schon so manche Chance verbaut hat.
Und vielleicht sollten wir
manchmal mehr einfach so wagen
und nicht zu viel darüber nachdenken.

Ich bin eine, die morgens nicht gern angesprochen wird,
wenn ich gerade erst aufgestanden bin,
weil ich glaube,
dass den restlichen Tag über noch genug geredet wird.
Und es gibt genug Momente am Tag,
an denen man problemlos mit mir reden kann
und wo ich dann auch gerne darauf antworte.

Ich bin aber auch eine, die andere grüßt,
- solange es nicht zu früh ist -
weil ich glaube,
dass ein bisschen Freundlichkeit in der Welt manchmal nicht
schadet.
Und es gibt ja trotzdem noch genug Leute,
die damit völlig überfordert sind,
dass jemand sie grüßt.

Ich bin eine, die sich über kleine Dinge unendlich freuen kann,
wenn ich sie ganz unerwartet im Alltag finde,
weil ich glaube,
dass sie das sind, was unser Leben unendlich bereichert, wenn
wir sie sehen.
Und es kann nie schaden,
viele kleine Dinge zu haben,
über die man sich freuen kann.

Ich bin aber auch eine, die oft zu viel nachdenkt,
wenn mich etwas beschäftigt,
obwohl ich glaube,
dass man damit viel kaputtmachen kann.
Und am Ende passiert sowieso,
was passieren muss,
völlig egal, was ich vorher gedacht habe.

Ich bin eine, die gerne kuschelt,
wenn es die richtige Person ist,
weil ich glaube,
dass wir uns dabei gegenseitig reparieren.
Und da bin ich mir sehr sicher,
dass das viel mehr Leute brauchen
als es zugeben.

Ich bin aber auch eine, die Nähe nur sucht,
wenn ich der Person völlig vertraue,
obwohl ich glaube,
dass es manchmal leichter wäre, ein bisschen mehr Nähe
zuzulassen.
Und eine Umarmung kann manchmal echt gut tun,
kann beinah heilende Kräfte haben,
wenn man es zulässt.

Ich bin eine, die gerne tanzt,
wenn ich mich nicht gut fühle.
weil ich glaube,
dass Tanzen eine Lebenseinstellung ist.
Und viele könnten sich eine Scheibe abschneiden von Tänzern,
die weitertanzen bis zum Schluss,
egal, was passiert.

Ich bin auch eine, die verzweifeln würde,
wenn es keine Musik gäbe,
weil ich glaube,
dass Musik das ist, was uns zusammenhält, wenn alles um uns
herum zerfällt.
Und das Wissen,
dass es etwas gibt, das uns verbindet,
gibt mir Hoffnung.

Ich bin eine, die sehr viel schreibt,
wenn ich vergessen, erinnern oder etwas verarbeiten will,
weil ich glaube,
dass man dadurch oft einen anderen Blick auf die Situation
bekommt.
Und ich bin der Meinung,
dass es vielen Leuten gut tut zu hören oder zu lesen,
dass es anderen auch so geht und sie nicht alleine sind.

Ich bin aber auch eine, die gerne zuhört,
wenn andere von sich erzählen,
weil ich glaube,
dass man dabei viel über Menschen lernen kann.
Und außerdem kann ich aus eigener Erfahrung sagen,
dass es unglaublich gut tun kann,
zu wissen, dass einem jemand wirklich zuhört.

Ich bin eine, die eine ehrliche Antwort will,
wenn ich frage, wie es dir geht,
weil ich glaube,
dass das viel zu selten vorkommt.
Und ich weiß,
dass man viel zu selten ehrlich darauf antwortet,
weil die Frage zu einer Höflichkeitsfloskel wurde.

Ich bin aber auch eine, der es schwerfällt, auf diese Frage ehrlich
zu antworten,
wenn ein „gut" so viel einfacher ist,
obwohl ich glaube,
dass es wichtig wäre, dass wir wieder mehr darüber reden.
Und ich weiß,
dass es Überwindung kostet, zuzugeben, dass es einem nicht gut
geht,
aber es tut auch gut, es mal auszusprechen.

Ich bin eine, die immer daran glaubt,
dass sich alles irgendwann zum Guten wendet,
weil ich glaube,
dass das die Wahrheit ist.
Und ich kann nicht sagen,
wann „irgendwann" ist,
aber es wird kommen, da bin ich mir sicher.

Ich bin aber auch eine, die Angst hat,
wenn es um die Zukunft geht,
weil ich glaube,
dass da so viel ist, mit dem wir nicht rechnen.
Und vielleicht sind unsere Pläne, die wir fleißig machen,
völlig umsonst,
denn wer weiß, was noch passieren wird.

Ich bin eine, die gelassen bleibt,
wenn etwas passiert ist,
weil ich glaube,
dass man dann einen klaren Kopf braucht.
Und irgendjemanden braucht es ja,
der ruhig bleibt
und noch handeln kann.

Ich bin aber auch eine, die sich schnell Sorgen macht,
wenn jemand unterwegs ist und sich nicht meldet,
weil ich dann glaube,
dass ja etwas passiert sein könnte.
Und diese Angst macht mich manchmal fertig,
obwohl ich eigentlich keinen sinnvollen Grund habe,
so etwas zu befürchten.

Ich bin eine, die meint,
sich meistens ganz gut zu kennen,
weil ich glaube,
dass das eben passiert, wenn man so viel Zeit mit sich verbringt.
Und es ist ja auch wichtig,
dass man sich einschätzen kann,
damit man seine eigenen Grenzen setzen kann.

Ich bin aber auch eine, die sich immer wieder selber sucht,
wenn ich die Zeit dazu habe,
weil ich glaube,
dass es eigentlich ganz interessant wäre zu wissen, wo ich
überall bin.
Und ich muss ehrlich sagen,
dass ich bei Weitem nicht weiß, wo ich mich überall aufhalte,
und immer wieder überrascht bin, wo ich etwas von mir finde.

Ich bin eine, die all das ist,
und noch viel mehr,
und ich glaube,
dass in jedem von uns so viel steckt.
Und ich muss hier ehrlich sagen,
dass ich Menschen nicht in Schubladen stecken kann,
weil keiner in nur eine Schublade passt.

Ich bin auch eine, die die Menschen einfach so nimmt,
wie sie eben sind,
weil ich glaube,
dass jeder von uns unschubladisierbar ist.
Und ich finde,
dass das sehr gut ist,
weil ich im Grunde meistens ganz gerne so bin wie ich bin.

Meine Geschichte

Über allem schweben
Schwerelos sein
Die Leichtigkeit fühlen

Abtauchen
Untergehen
Die Ruhe spüren

In Bewegung bleiben
Immer weitergehen
Die Energie wahrnehmen

Weiterschreiben
Nicht aufgeben
Es ist meine Geschichte

Am Meer

Ich stehe am Meer.
Ein bisschen weiter draußen.
Auf einer Mole.

Die Sonne geht zwischen den Wolken langsam unter.
Die Wellen schlagen gegen die Steine unter mir.
Der Wind zieht an mir und meiner Jacke.

Ich genieße die letzten Sonnenstrahlen.
Ich spüre die Reste der Wärme, die sie noch verbreitet.
Ich erahne die Kraft, mit der sie tagsüber strahlte.

Ich lausche dem Rauschen der Wellen.
Ich rieche das Meer in der Luft.
Ich spüre die feinen Wassertropfen der Gischt auf meiner Haut.

Ich höre das Klatschen der Wellen gegen die Steine.
Ich stelle mir vor, wie viel Kraft dahinter steckt.
Ich fühle mich stark.

Ich wehre mich nicht gegen den Wind.
Ich lehne mich nicht dagegen.
Ich stelle mich genau in den Wind.

Ich breite die Arme aus.
Ich spüre, wie der Wind mich komplett durchpustet.
Ich stelle mir vor zu fliegen.

Ich lasse alles los, was mich runterziehen könnte.
Ich fühle mich leicht.
Ich spüre die Kraft.

Der Wind trägt meine Gedanken weit fort.
Die Wellen rütteln mit jedem Schlag gegen die Steine etwas in
mir wach.
Die Sonne in meinen Rücken bestärkt mich.

Für diesen Moment weiß ich, wer ich bin.
Für diesen Moment weiß ich, wer ich sein will.
Für diesen Moment bin ich, wer ich sein will.

Ich stehe am Meer.
Ein bisschen weiter draußen.
Und ich bin ich selbst.

Anhalten

Ich will anhalten
Stille halten
Innehalten
In mir soll endlich wieder Stille walten

Ich will in Gedanken
Kraft tanken
Leben ohne Schranken
Einfach für die Stille danken

Ich will wirklich ruhig sein
Nicht nur diesen falschen Schein
Will mal für mich sein
Brauche manchmal Zeit allein

Ich will mich kennenlernen
Leben lernen
Mit dem Blick nach oben zu den Sternen
Endlich, was mich nervt, entfernen

Ich will in Ruhe warten
Diese zarten
Momente erwarten
Still wieder in mein Leben starten

Zukunftsgeflüster

Zukunftsgeflüster in meinem Ohr
Ich höre, wie nah sie schon ist
Spüre ihren heißen Atem beim Flüstern

Zukunftsgeflüster in meinem Ohr
Ich höre, wie sie Erwartungen wispert
Spüre die Angst heiß im Nacken

Zukunftsgeflüster in meinem Ohr
Ich höre, wie sie mir Zweifel einreden will
Spüre meine Unsicherheit

Zukunftsgeflüster in meinem Ohr
Ich höre ihr zu
Spüre, dass ich ihr glaube

Zukunftsgeflüster in meinem Ohr
Ich höre, wie nah sie schon ist
Spüre ihren heißen Atem beim Flüstern

du

Jemand

Ich weiß, da ist jemand,
Der sich zu mir setzt,
Wenn ich mich allein fühle.

Ich weiß, da ist jemand,
Der mir zuhört,
Wenn ich reden will.

Ich weiß, da ist jemand,
Der mich wieder rauszieht,
Wenn ich untergehe.

Ich weiß, da ist jemand,
Der mir wieder hochhilft,
Wenn ich am Boden bin.

Ich weiß, da ist jemand,
Der das Licht für mich anmacht,
Wenn ich im Dunkeln sitze.

Ich weiß, da ist jemand,
Der einfach da ist,
Wenn ich ihn brauche.

mein stern

meine sicherheit
wenn so viel so unsicher ist

meine zuversicht
wenn ich nicht mehr weiter weiß

meine kraft
wenn ich nicht mehr kann

mein mut
wenn die angst überhandnimmt

mein halt
wenn ich das gefühl habe zu fallen

meine hoffnung
wenn ich zweifle

mein stern
wenn alles viel zu dunkel ist

Jeden Tag

Du zeigst mir jeden Tag,
dass du für mich da bist,
dass wir das zusammen schaffen.

Du gibst mir jeden Tag das Gefühl,
dass ich das alles durchstehe,
dass ich nicht alleine bin.

Du fragst mich jeden Tag,
wie es mir geht,
ob alles okay ist.

Du gibst mir jeden Tag das Gefühl,
sicher zu sein,
geborgen zu sein.

Du zeigst mir jeden Tag
dein wunderschönes Lächeln,
dein einzigartiges Grinsen.

Du bringst mich jeden Tag
zum Lächeln,
zum Lachen.

Du zeigst mir jeden Tag aufs Neue, was es heißt,
zu lieben,
geliebt zu werden.

Du gibst mir jeden Tag mehr Gründe,
das Leben zu lieben,
immer weiterzumachen.

Du schenkst mir jeden Tag
unendlich viele Momente
voller Hoffnung.

Zauberaugen

Da ist diese Magie in seinen Zauberaugen.

In den Zauberaugen, die mal see-bei-sonnenschein-blau sind.
In den Zauberaugen, die mal sommerwaldgrün sind.
In den Zauberaugen, die die Farbe wechseln.

Da ist diese Magie in seinen Zauberaugen.

In den Zauberaugen, die alles kribbeln lassen.
In den Zauberaugen, die mich machtlos machen.
In den Zauberaugen, die mich völlig verzaubern.

Da ist diese Magie in seinen Zauberaugen.

In den Zauberaugen, in denen so viel Tiefe steckt.
In den Zauberaugen, in denen so viel Hoffnung steckt.
In den Zauberaugen, in denen so viel Liebe steckt.

Da ist diese Magie in seinen Zauberaugen.

In den Zauberaugen, in denen ich versinken kann.
In den Zauberaugen, die mich zum Lächeln bringen.
In den Zauberaugen, die ich über alles liebe.

(D)ein Stern

Manchmal fällt mitten in der Nacht,
wenn du dich in der Dunkelheit verlaufen hast,
ein Stern auf die Erde,
landet direkt vor deinen Füßen.

Du hebst ihn vorsichtig vom Boden vor dir auf,
nimmst ihn mit,
weil er so besonders strahlt,
weil er alles ein bisschen heller macht.

Deswegen solltest du gut auf ihn aufpassen,
ihn am besten nie wieder loslassen,
weil er leuchtet,
um dir endlich deinen Weg nach Hause zu zeigen.

Bauchgefühlmomente

Ich liebe diese Momente,
in denen alles passt,
in denen man spürt, dass man zur richtigen Zeit am richtigen Ort
ist,
in denen man genau die Person bei sich hat, die man liebt.

Ich liebe diese Momente,
die so besonders sind,
dass man sie nicht in Worte fassen kann,
aber sich immer wieder an das Gefühl erinnert und nie vergisst.

Ich liebe Bauchgefühlmomente.

Was du für mich bist

Du bist für mich
ein Hoffnungsschimmer, wenn ich nicht mehr weiter weiß,
ein Lichtblick an dunklen Tagen,
ein Halt, wenn gerade alles zu zerfallen scheint.

Du bist für mich
der, der mir vom Boden hochhilft, wenn ich alleine nicht
hochkomme,
der, der sich auch mal eine Weile dazusetzt, wenn ich Pause
brauche,
der, der sofort kommt, wenn ich nicht alleine sein will.

Du bist für mich
jemand, der wirklich da ist und es nicht nur sagt,
jemand, der mir unglaublich wichtig ist,
jemand, der mich versteht.

Du bist für mich
der mit den wunderschönsten Zauberaugen,
der mit dem bezauberndsten Lächeln,
der mit dem fesselndsten Grinsen.

Du bist für mich
jemand, dem ich alles erzählen kann,
jemand, bei dem ich mich auskotzen kann,
jemand, der mich ernst nimmt.

Du bist für mich
mein seifenblasenbesonderster Mensch,
mein wunderzaubertollster Freund,
mein purzelverrücktester Lieblingsspinner.

Du bist für mich
jemand, der mir sagt, dass ich schön bin,
jemand, der mir zeigt, dass ich wertvoll bin,
jemand, der mich mich mit anderen Augen sehen lässt.

Du bist für mich
der, der mich Neues ausprobieren lässt,
der, der mir einen neuen Blickwinkel auf das Leben zeigt,
der, der mich mit in seine Welt lässt.

Du bist für mich
der, dem ich alles erzählen will,
der, dem ich als erstes mitteilen will, was passiert ist,
der, der mitfiebert, wenn ich auf etwas warte.

Du bist für mich
jemand, der auf meiner Seite steht,
jemand, der mich so nimmt wie ich bin,
jemand, der wirklich wissen will, wie es mir geht.

Du bist für mich
der aufmerksamste Zuhörer und Zuleser, wenn ich etwas
loswerden muss,
der stillste Anschweigepartner, wenn ich Ruhe brauche,
der geduldigste Kuschler, wenn ich mal wieder etwas viel
Kuschelbedürfnis habe.

Du bist für mich
der, mit dem ich wunderbar rumblödeln kann,
der, mit dem ich gleich danach tiefgründige Gespräche führen
kann,
der, mit dem es nie langweilig wird.

Du bist für mich
mein Zuhause, in dem ich mich wohl fühle,
mein sicherer Hafen, in dem ich immer wieder gern ankomme,
mein Zufluchtsort, zu dem ich kann, wenn ich es sonst nirgends
mehr aushalte.

Du bist für mich
der, mit dem ich den ganzen Tag verrückte und wunderschöne
Sachen machen kann,
der, mit dem ich stundenlang qualitytime verbringen kann,
der, mit dem ich jeden Moment genieße.

Du bist für mich
jemand, der sich für mich freut,
jemand, für den ich mich gerne freue,
jemand, mit dem ich mich gerne freue.

Du bist für mich
der, bei dem ich auch mal weinen kann,
der, der mich weinen lässt,
der, der mich auch immer wieder aufmuntert.

Du bist für mich
mein Bauchgefühlmomenteschenker,
mein Mit-mir-auf-dem-Weg-sitz-und-in-die-Sterne-Gucker,
mein Alles-wird-gut-ich-bin-da-Umarmer.

Du bist für mich
jemand, den ich festhalten will,
jemand, den ich nicht mehr loslassen will,
jemand, den ich nicht mehr hergeben kann.

Du bist für mich
mehr als ich dir jemals sagen kann,
mehr als ich jemals in Worte fassen kann,
mehr als ich mir jemals vorstellen konnte.

Du bist für mich
der, dem ich bedingungslos vertraue,
der, den ich über alles liebe,
der, der mich liebt.

Neben dir

Neben dir liegen
Einfach nichts tun
In mir zur Ruhe kommen

Deinen Atem hören
Deinen Herzschlag spüren
Deine Nähe genießen

Die Welt außenherum vergessen
Die Gedanken zum Stillstand bringen
Neben dir liegen

Jedes Mal

Jedes Mal, wenn du gehst,
will ich dich festhalten,
dich nicht gehen lassen.

Jedes Mal, wenn du gehst,
wünsche ich mir, dass du bleibst,
mich nicht alleine mit meinen Gedanken lässt.

Jedes Mal, wenn du gehst,
lässt du einen Zauber zurück,
der mich innerlich tanzen lässt.

Jedes Mal, wenn du gehst,
lässt du einen Hoffnungsfunken zurück,
der meinen Gedanken neuen Schwung gibt.

Jedes Mal, wenn du gehst,
lässt du einen Glücksschimmer zurück,
der ein Lächeln auf meinen Lippen hinterlässt.

Wir tanzen

Wir drehen uns
Die Welt um uns herum verschwimmt
Doch ich bin sicher in deinen Armen
Du führst mich durch die Musik
Die Musik fängt uns auf
Wir tanzen

leben

Trotzdem

Trauer umgibt mich wie ein Tuch,
hüllt mich ein,
doch es wärmt nicht.

Trauernde umgeben das Grab wie eine Mauer,
undurchdringlich und stabil,
doch stürzt in mir alles zusammen.

Eine Steinfassung umgibt das Grab wie eine Grenze,
will alles festhalten,
doch Trauer überwindet alle Grenzen.

Erde bedeckt deinen Sarg wie eine Zudecke,
verdeckt die Wunden,
doch sie sind trotzdem da.

Blumen bedecken die Erde auf deinem Grab wie eine Girlande,
beschönigen alles,
doch es bleibt schlimm.

Staub bedeckt die Fotos wie ein Schatten,
lässt sie verblassen,
doch die Erinnerungen lassen dich leben.

Funken

Funken tanzen
Unbeschwert
Ohne ein bestimmtes Ziel

Funken tanzen
Unberührt
Ohne hörbare Musik

Funken tanzen
Ungebunden
Ohne Zwang und doch zusammen

Funken tanzen
Völlig frei
Ohne einen Grund

Einfach so

Stille

Stille
Die zur Ruhe kommen lässt
Ich genieße sie
Werde ruhig

Gedanken
Die kommen und gehen
Ich lasse sie vorbeiziehen
Halte sie nicht fest

Stille
In der ich ankommen kann
Bei mir selbst

Gedanken
Die ich wieder gehen lassen kann
Einfach so

Sehnsucht nach Meer

Ich will hier weg
Will ans Meer
Ich brauche das Rauschen
Brauche das ruhige Schaukeln
Ich sehne mich nach den Schaumkronen
Sehne mich nach hohen Wellen
Ich will das Salz schmecken
Will den Wind spüren

Sehnsucht nach Mehr

Ich will nicht mehr nur das hier
Will mehr
Ich brauche Zeit für mich
Brauche Ruhe
Ich sehne mich nach etwas Neuem
Sehne mich nach Veränderung
Ich will Freiheit
Will losgehen

Lawine

Der Schnee ist leise herabgeschwebt
Hat alles ganz sanft zugedeckt
Damit es ruhen kann
Eine leichte, weiße Schicht über allem

Der Schnee ist leise herabgeschwebt
Hat alles gut versteckt
Um es vor Blicken zu schützen
Eine leichte, weiße Schicht über allem

Der Schnee ist leise herabgeschwebt
Hat vorsichtig alles eingepackt
Damit es sich erholen kann
Eine leichte, weiße Schicht über allem

Eine Lawine kommt
Rollt über alles so liebevoll Zugedeckte
Stört die Ruhe
Nimmt die leichte, weiße Decke mit

Eine Lawine kommt
Rollt über alles so sorgfältig Versteckte
Legt alles offen
Nimmt die leichte, weiße Decke mit

Eine Lawine kommt
Rollt über alles so behutsam Eingepackte
Macht verletzlich
Nimmt die leichte, weiße Decke mit

Was, wenn...

Was, wenn alle, die sterben, zu einem Stern werden,
damit sie nachts, wenn wir sie am meisten vermissen, für uns da
sein und uns zeigen können,
dass es immer ein kleines Licht in der Dunkelheit gibt?

Was, wenn alle, die sterben, zu einem Stern werden,
damit sie uns zeigen können,
dass selbst in den dunkelsten Zeiten Sterne da sind, die
wenigstens einen kleinen Teil der Finsternis für uns erhellen?

Was, wenn alle, die sterben, zu einem Stern werden,
damit sie uns erkennen lassen können,
dass schon ein einziger kleiner Stern einen Teil der Dunkelheit
vertreiben kann?

Was, wenn alle, die sterben, zu einem Stern werden,
damit sie uns darauf hinweisen können,
dass es manchmal sogar ein bisschen Dunkelheit braucht, damit
die Sterne sichtbar werden?

Was, wenn alle, die sterben, zu einem Stern werden,
damit sie uns versichern können,
dass sie immer noch auf uns aufpassen und wir nicht allein sind,
auch wenn sie nicht mehr direkt bei uns sind?

Was, wenn alle, die sterben, zu einem Stern werden,
damit sie uns die Angst vor der Dunkelheit nehmen können,
indem sie uns die Schönheit der Nacht mit ihren Sternen zeigen?

Dann liebe ich das Leben

Wenn diese kleinen Momente,
die mich über Wasser halten,
das Leben sind,
dann liebe ich das Leben.

Wenn die ersten warmen Sonnenstrahlen im Frühling,
die schon ein bisschen wärmen,
das Leben sind,
dann liebe ich das Leben.

Wenn diese kleinen Dinge,
die mich zum Lachen bringen,
das Leben sind,
dann liebe ich das Leben.

Wenn Gänseblümchen,
die sich selbst durch Straßen kämpfen,
das Leben sind,
dann liebe ich das Leben.

Wenn Erinnerungen,
bei denen ich lächeln muss,
das Leben sind,
dann liebe ich das Leben.

Wenn Bäume,
an die man sich einfach anlehnen kann,
das Leben sind,
dann liebe ich das Leben.

Wenn die vielen Sterne,
die jede Nacht für uns leuchten,
das Leben sind,
dann liebe ich das Leben.

Wenn Raupen,
die einfach so zu Schmetterlingen werden,
das Leben sind,
dann liebe ich das Leben.

Wenn Freunde,
die sowohl zum Lachen als auch zum Weinen da sind,
das Leben sind,
dann liebe ich das Leben.

Wenn Musik,
die genau zu deiner Stimmung passt,
das Leben ist,
dann liebe ich das Leben.

Wenn die Hoffnung,
die immer wieder auftaucht,
das Leben ist,
dann liebe ich das Leben.

Aufstehen

Fallen
Aufstehen
Weiterkämpfen

Weil du stark bist
Weil du nicht aufgeben willst

Fallen
Aufstehen
Weiterkämpfen

Immer wieder
Weil Liegenbleiben keine Option ist

Fallen
Aufstehen
Weiterkämpfen

Sie wollen dich am Boden sehen
Aber du bist stärker

Fallen
Aufstehen
Weiterkämpfen

Immer wieder stehst du auf
Stellst dich ihnen entgegen

Fallen
Aufstehen
Weiterkämpfen

Du bist stark
Und du wirst gewinnen

Fallen
Aufstehen
Weiterkämpfen

Hoffen

Hoffen
auf etwas Besseres,
auf etwas Größeres,
auf etwas Schöneres.
Und dann?

Hoffen
auf mehr,
auf noch mehr,
auf alles.
Und dann?

Hoffen,
dass sich der Traum erfüllt,
dass alles gut läuft,
dass nichts Schlimmes passiert.
Und dann?

Hoffen
auf etwas Neues,
dass alles beim Alten bleibt,
dass sich endlich etwas verändert.
Und dann?

Was dann?
Sitzen bleiben und hoffen,
dass sich etwas tut?

Warum nicht aufstehen,
selber etwas machen,
etwas verändern?

Warum nicht mal etwas
so gut,
so groß,
so schön sein lassen, wie es ist?

Warum nicht selber für jemanden
mehr,
noch mehr,
alles sein?

Warum nicht selber
den Traum erfüllen,
alles so laufen lassen, wie es läuft,
einfach geschehen lassen?

Warum nicht selber
etwas Neues schaffen,
das Alte am Leben halten,
etwas verändern?

H-offen

Hoffen gibt uns Halt,
wenn wir zu stürzen drohen.
Hoffen hält uns über Wasser,
wenn wir das Gefühl haben unterzugehen.
Hoffen bestärkt uns,
wenn wir an allem zweifeln.

Hoffen hilft uns wieder auf,
wenn wir am Boden gelandet sind.
Hoffen gibt uns Kraft,
wenn wir uns nicht sicher sind, ob wir das alles schaffen.
Hoffen gibt uns Sicherheit,
wenn alles so wacklig erscheint.

Hoffen bewegt uns,
wenn wir nur auf der Stelle treten.
Hoffen schenkt uns Ruhe,
wenn um uns alles hektisch ist.
Hoffen lässt uns erkennen,
was wichtig ist.

Aber Hoffen braucht Offenheit.
Es steckt sogar im Wort selber: h-offen.

Offenheit für die Leute,
die uns Halt geben wollen.
Offenheit für Rettungsringe,
die uns vor dem Ertrinken retten wollen.
Offenheit für stärkende Worte,
die unsere Zweifel zerstören wollen.

Offenheit für Hände,
die uns vom Boden hochziehen wollen.
Offenheit für den Glauben,
dass wir das schaffen können.
Offenheit für den festen Boden,
wenn alles wacklig ist.

Offenheit für den Anstoß,
der uns wieder ein Stück nach vorne bringt.
Offenheit für die Ruhe,
die uns wieder bei uns ankommen lässt.
Offenheit dafür,
dass wir erkennen, was wichtig ist.

Hoffnungstropfen

Tränen fließen
Lassen sich nicht stoppen
Tropfen auf das Blatt vor mir
Meine Sicht verschwimmt

Tränen fließen
Spülen alles raus
Nehmen die Gedanken und Gefühle mit
Die mich kaputtmachen wollen

Tränen fließen
Werden zu Hoffnungstropfen
Waschen Altes raus
Schaffen Platz für Neues

Hoffnungstropfen
Lassen sich nicht stoppen
Tropfen immer weiter
Mein Blick wird wieder klar

Hoffnungstropfen
Erfrischen mich
Lassen wieder positive Gedanken zu
Bringen mein Lachen zurück

Hoffnungstropfen
Lassen Neues wachsen
Wo Altes weggewaschen wurde
Säen Hoffnung

Regen

Es regnet.
Dicke Tropfen.
Nass und kalt tropfen sie auf mich herunter.
Es werden immer mehr,
je länger ich durch den Regen laufe.
Mir wird kalt,
ich bin völlig durchweicht.

Es regnet.
Dicke Tropfen.
Ich senke den Kopf,
schaue auf den Boden.
Spüre die Tropfen im Nacken,
weiche den Pfützen aus.

Es regnet.
Dicke Tropfen.
Aber so schlimm ist es gar nicht.
Ich bleibe stehen.

Es regnet.
Hoffnungstropfen.
Einer nach dem anderen
tropft vorsichtig auf mich herunter.

Es regnet.
Hoffnungstropfen.
Ich hebe meinen Kopf,
schaue nach oben.
Spüre die Tropfen auf meinem Gesicht,
springe in eine Pfütze.

Es regnet.
Hoffnungstropfen.
Ich genieße die Kühle,
wenn die Tropfen meine Haut berühren.
Je bewusster ich sie wahrnehme,
desto mehr werden es.
Sie waschen endlich die Angst weg,
erfrischen mich.

Ich stehe im Regen,
spüre die Hoffnungstropfen
und ich weiß,
dass nach dem Regen alles wieder wachsen kann.

Musik

kann mich auffangen,
wenn ich falle.

Musik

kann mich hochziehen,
wenn ich am Boden bin.

Musik

kann sich zu mir setzen,
wenn ich noch nicht aufstehen kann.

Musik

kann mich davontragen,
wenn ich fliegen will.

Musik

kann mir helfen, Gefühle auszudrücken,
wenn ich keine Worte dafür finde.

Musik

kann mir Hoffnung geben,
wenn ich an allem zweifle.

Musik

kann mich retten,
wenn sonst nichts mehr hilft.

Mit Worten zaubern

Hoffnung tanzen
- in Bewegungen zur Musik Hoffnung entstehen lassen

Glauben pflanzen
- in der Erde mit Glauben aus etwas Unmöglichem etwas
Mögliches wachsen lassen

Freude malen
- in bunten Farben Freude gestalten

Leben komponieren
- mit Tönen Leben in die Luft zaubern

Zuversicht zeichnen
- mit feinen Linien vorsichtig der Zuversicht Form geben

Hoffnungsschiffe

Kleine Hoffnungsschiffe
schippern über den Ozean
aus Problemen
aus Sorgen
aus Realität

Kleine Hoffnungsschiffe
geraten in den Sturm
aus Wut
aus Vorwürfen
aus Verzweiflung

Kleine Hoffnungsschiffe
geraten in den Strudel
aus Versagen
aus Enttäuschung
aus Hilflosigkeit

Kleine Hoffnungsschiffe
geraten in die Flutwelle
aus Erwartungen
aus Angst
aus Schuldgefühlen

Kleine Hoffnungsschiffe
kentern fast
in dem Sturm
in dem Strudel
in der Flutwelle

Kleine Hoffnungsschiffe
gehen immer wieder beinahe unter
in Problemen
in Sorgen
in Realität

Kleine Hoffnungsschiffe
kentern nicht
in der Wut
in den Vorwürfen
in der Verzweiflung

Kleine Hoffnungsschiffe gehen nicht unter
in dem Versagen
in der Enttäuschung
in der Hilflosigkeit

Kleine Hoffnungsschiffe
halten allem stand
den Erwartungen
der Angst
den Schuldgefühlen

Kleine Hoffnungsschiffe
tragen uns
durch die Probleme
durch die Sorgen
durch die Realität

Was

Was sind Sterne ohne Dunkelheit,
die sie zum Leuchten bringt?
Was ist ein Regenbogen ohne Regen,
der zusammen mit der Sonne die Farben an den Himmel malt?
Was ist ein Sommer ohne Regen,
der die Blumen wachsen lässt?

Was ist Glaube ohne Zweifel,
die uns zum Nachdenken bringen?
Was ist eine Freundschaft ohne Diskussionen,
die uns neue Blickpunkte zeigen?
Was sind schöne Momente ohne ein Ende,
nach dem wir neu anfangen können?

Was sind schlechte Zeiten ohne schöne Momente,
die alles wenigstens ein bisschen besser machen?
Was ist ein Tag ohne Lachen,
das uns wieder an etwas Schönes denken lässt?
Was ist ein Leben ohne Hoffnung,
die uns am Leben hält?

Gedanken

Gedanken
Klar.
Strukturiert.
Gut erkennbar, was es heißen soll.
Es wirkt aufgeräumt, sortiert.

gEdaNken
etwas verwirrend,
nicht so ganz strukturiert;
Noch erkennbar, was es heißen soll.
Es wirkt etwas chaotisch, durcheinander.

NEdeGkaN
völlig wirr
unstrukuriert
nicht mehr erkennbar, was es heißen soll
obwohl noch alle Buchstaben da sind

kEjnhLÖkhsUgRduWueNzrUlkjA
wild durcheinandergewürfelt
chaos pur
absolut nichts mehr erkennbar
obwohl die wichtigen buchstaben alle noch da sind

Gedanken
So sollte es sein.

gEdaNken
so kann es manchmal auch aussehen, ist aber okay.

NEdeGkaN
das ist verwirrend, lässt sich aber in Ordnung bringen und ist so
lange auszuhalten

kEjnhLÖkhsUgRduWueNzrUlkjA
das ist furchtbar weil es sich nicht sortieren lässt und einen fertig
macht weil die ganze zeit alles durcheinanderwirbelt und sich
nicht fassen lässt

Mit jedem Lachen

Mit jeder Träne
kommen die Probleme näher,
nutzen deine Verletzlichkeit gnadenlos aus.

Mit jedem Gedanken
scheinen es mehr Probleme zu werden,
die dich von allen Seiten umzingeln.

Mit jedem Moment voller Angst
überrollen dich die Probleme,
hören nicht auf, auch wenn du schon am Boden liegst.

Mit jedem Lachen
rücken die Probleme ein Stück weiter weg,
kommen nicht mehr ganz an dich heran.

Mit jeder Umarmung
werden es weniger Probleme,
die dich fertig machen.

Mit jedem Funken Hoffnung
verschwinden ein paar von den Problemen ganz,
lassen dich endlich in Ruhe.

Pass auf deine Farben auf!

Pass auf deine Farben auf!
Lass sie nicht vom Regen wegwaschen.
Nimm wasserfeste Farben und tanz im Regen.

Pass auf deine Farben auf!
Lass dir nicht von anderen sagen, dass sie nicht schön sind.
Es ist deine persönliche und einzigartige Mischung.

Pass auf deine Farben auf!
Lass sie nicht ausbleichen.
Nimm neue Farben und mal drüber.

Pass auf deine Farben auf!
Lass dich nicht niedermachen, wenn du keinen so bunten Tag
hast.
Nimm dir die Zeit, neue Farben zu suchen.

Pass auf deine Farben auf!
Lass sie nicht so, wenn sie dir nicht mehr gefallen.
Manchmal ist es eben Zeit für einen neuen Anstrich.

Pass auf deine Farben auf!
Lass dich von anderen nicht zu Farben zwingen.
Es ist ganz allein deine Entscheidung, wie du dein Leben anmalst.

Pass auf deine Farben auf!
Lass zu, dass die Farben sich mit der Zeit ändern.
Manchmal malt das Leben ein bisschen mit.

Pass auf deine Farben auf!
Lass andere nicht dein Leben malen.
Nimm einen Pinsel in die Hand und mal drauflos.

Deine „Was, wenns"

Wovor fürchten sich deine „Was, wenns"?
Woran zweifeln deine „Abers"?
Was verstecken deine „Mir geht's guts"?
Was reden deine „Das wird schon wieders" wem ein?
Wovon lenken deine „Ist jetzt nicht so wichtigs" ab?
Wen sollen deine „Passt schons" überzeugen?

Nimm deine „Was, wenns" an die Hand und geh mit ihnen auf
die Angst zu.
Beweise deinen „Abers", dass es nichts zu zweifeln gibt, weil du
das kannst.
Zieh deine „Mir geht's guts" ins Licht, damit sie ihre wirkliche
Bedeutung wieder zurückbekommen.
Gib deinen „Das wird schon wieders" mehr Kraft und lass sie
wahr werden.
Überzeug deine „Ist jetzt nicht so wichtigs", dass es sehr wohl
wichtig ist.
Gehe direkt auf deine „Passt schons" zu und verwandle sie in
ehrliche Antworten.

Und deine „Was, wenns" werden furchtlos allen Gedanken
entgegenstehen.
Deine „Abers" werden keine Zweifel mehr zulassen.
Deine „Mir gehts guts" werden vielleicht seltener, aber umso
strahlender sein.
Deine „Das wird schon wieders" werden voller Kraft
überzeugen.
Deine „Ist jetzt nicht so wichtigs" werden endlich wieder
Bedeutung kriegen.
Deine „Passt schons" werden nicht unbedingt positiv, aber dafür
umso ehrlicher sein.

Du machst deine „Was, wenns" zu „Es ist sos".
Du machst deine „Abers" zu „Jetzt erst rechts".
Du machst deine „Mir geht's guts" zu hoffnungsvollen Mitteilungen.
Du machst deine „Das wird schon wieders" zu Kampfansagen.
Du machst deine „Ist jetzt nicht so wichtigs" zu „Lass uns drüber redens".
Du machst deine „Passt schons" zu „Kannst du mir bitte helfens".

Und du wirst dich von der Angst nicht umwerfen lassen, sondern stabil stehen.
Du wirst Zweifeln nicht nachgeben, sondern dich ihnen entgegensetzen.
Du wirst dich nicht verstecken, sondern im Licht strahlen.
Du wirst nicht einfach so daherreden, sondern wirklich überzeugt davon sein.
Du wirst nicht mehr ablenken, sondern es direkt ansprechen.
Du wirst nicht mehr von falschen Tatsachen überzeugen wollen, sondern um Hilfe bitten.

Es wird eine Weile dauern, bis du nicht mehr umfällst, aber du musst immer wieder aufstehen.
Es wird eine Weile dauern, bis die Zweifel dir nichts mehr anhaben können, aber du darfst nicht aufgeben.
Es wird eine Weile dauern, bis du dich traust, die ganze Zeit im Licht zu stehen, aber du musst es immer wieder probieren.
Es wird eine Weile dauern, bis du glaubst, was du sagst, aber es wird mit der Zeit leichter werden.
Es wird eine Weile dauern, bis du es wagst, darüber zu reden, aber es reicht manchmal schon ein Wort als Anfang.
Es wird eine Weile dauern, bis du dich stark genug fühlst, um Hilfe zu bitten, aber es wird sich lohnen.

lebenssuche auf nebelwegen

unterwegs auf der suche nach leben
irgendwie auf nebelwegen gelandet
wollte doch eigentlich lebenswege finden
stehe jetzt aber im nebel und blicke nicht durch
wo hört der nebel auf?
wo fängt das leben an?

Unter Wasser vs. in der Stadt

Ich vermisse
die Ruhe,
die Stille,
die Friedlichkeit
unter Wasser

hier in
der Hektik,
dem Lärm,
dem Gehetzten
der Stadt.

Hier in der Stadt
rennt man aneinander vorbei,
die Autos dröhnen und hupen,
keiner achtet auf den Anderen.

Unter Wasser
schwebt man langsam vor sich hin,
hört auf seinen eigenen ruhigen Atem,
schaut sich voller Gelassenheit alles an.

Hier in
dem Gerenne,
dem Schnellen,
dem Achtlosen
der Stadt

vermisse ich
das Leichte,
das Entspannte,
das Gelassene
unter Wasser.

Glücksfunken

Glücksfunken
glitzern durch die Luft
leuchten in den Bäumen
blühen auf der Wiese
hüpfen über den Weg
fliegen durch das Zimmer
nisten sich bei dir ein
wachsen in dir drin
springen auf deine Lieblingsmenschen über
verteilen sich überall
verbreiten Glück

Ich warte...

Ich warte darauf,
dass ein Frühlingssonnenstrahl wieder voller Wärme Liebe auf
meine Haut malt.
Ich warte darauf,
dass die Vögel wieder voller Lebensfreude Begeisterung in die
Luft singen.
Ich warte darauf,
dass die Blumen wieder voller Glück Zauber verbreiten.
Ich warte darauf,
dass die Luft wieder voller bunter Düfte vor Energie vibriert.
Ich warte darauf,
dass die Farben wieder voller Kraft überall ein bisschen Lächeln
verteilen.
Ich warte darauf,
dass der Frühlingsregen wieder voller Tatendrang alles mit
Hoffnung wäscht.
Ich warte darauf,
dass endlich wieder Frühling wird.

Eine Welt retten

Die Welt retten
kannst du nicht allein.
Die Welt retten
ist zu viel für einen.

Eine kleine Welt retten
kannst du jeden Tag.
Eine kleine Welt retten
mit nur kleinen Dingen.

Eine kleine Welt retten
mit einer Umarmung,
die von Herzen kommt,
die du ernst meinst.

Eine kleine Welt retten
mit einer Umarmung,
in der du mit deinen Armen alles Negative ausschließt,
in der nichts passieren kann.

Eine kleine Welt retten
mit einer Umarmung,
die Sicherheit bietet,
die einen Schutzraum bildet.

Eine kleine Welt retten
mit einer Umarmung,
während der für einen Moment alles stimmt,
alles in Ordnung ist.

Eine kleine Welt retten
mit einer Umarmung,
in der man sich wohlfühlt,
in der man für immer bleiben möchte.

Eine kleine Welt retten
mit einer Umarmung,
die die Tränen auffängt,
die ihnen Raum gibt.

Eine kleine Welt retten
mit einer Umarmung,
die Halt gibt,
in der man gehalten wird.

Eine kleine Welt retten
mit einer Umarmung,
in der man sich fallen lassen kann,
in der man aufgefangen wird.

Eine kleine Welt retten
mit einer Umarmung,
die Hoffnung schenkt,
die ein bisschen Leuchten in die Welt bringt.

Eine Welt retten
mit einer Umarmung,
in der man endlich ankommen kann,
in der man sich zuhause fühlt.

Eine kleine Welt retten
mit einer Umarmung
voller Wärme,
voller Liebe.

Eine kleine Welt retten.

Komfortzone
wo das Gewohnte ist
wo wir uns sicher fühlen
wo wir uns wohl fühlen
wo wir uns gerne hin zurückziehen
wo wir uns nur selten rauswagen
wo wir alles kennen

Kom(m)-fort-Zone
raus aus dem Gewohnten
raus aus dem Alltag
raus aus unserer Wohlfühlzone
raus aus unserem Rückzug
raus aus unserem Versteck
raus aus dem Bekannten

Später

Tocktock
„Hallo, ich bin's, die Zukunft. Darf ich reinkommen?"
„Ähm, grade eher schlecht, habe wahnsinnig viel zu tun. Schau doch später nochmal vorbei."

Später...
Tocktock
„Hallo, ich bin's wieder, die Zukunft. Darf ich reinkommen?"
„Uff, hast echt einen ungünstigen Zeitpunkt erwischt, bin grade auf dem Sprung. Schreib mir doch mal, dann kann ich schauen, wann ich mal Zeit hätte. Ist echt furchtbar stressig zur Zeit."

Später...
Pling
1 neue Nachricht von Zukunft: „Hallo, du wolltest mal nachschauen, wann du Zeit hast. Würde dich echt gerne treffen. LG Deine Zukunft"

Später...
Pling
1 neue Nachricht von Zukunft: „Hi, vielleicht hast du die erste Nachricht nicht gekriegt, deswegen hier nochmal: Hast du demnächst mal Zeit? LG Deine Zukunft"

Später...
tuuut tuuut tuuut tuuut tuuut
„Der gewünschte Teilnehmer ist zur Zeit leider nicht erreichbar. Bitte versuchen Sie es später erneut."

Später...
Pling
3 verpasste Anrufe von Zukunft

1 neue Nachricht von Zukunft: „Hi... bin mir irgendwie nicht mehr so sicher, ob du mich überhaupt sehen willst... meld dich doch mal. LG Deine Zukunft"

Später...

„Sorry, viel Stress. Meld mich später."

„In Ordnung, ich warte auf dich."

Später...

...

Später...

tuuut tuuut tuuut tuuut tuuut

„Hi? Wer dran?"

„Hallo, ich bin's, die Zukunft. Schön, dass ich dich endlich err..."

„Tut mir echt wahnsinnig leid, aber ich hab gleich ein Treffen mit meiner Vergangenheit. Die meinte, dass sie mir was echt Wichtiges sagen muss. Da muss ich wirklich hin. Ich ruf dich später nochmal an."

tut tut tut

Später...

...

Später...

1 neue Nachricht von Zukunft: „Hi, wie war dein Treffen mit der Vergangenheit? Hast du demnächst dann mal Zeit für mich? LG Deine Zukunft"

Später...

„Hi, wird in nächster Zeit eher nichts werden. Meine Vergangenheit hat mir ein paar echt wichtige Erinnerungen gezeigt, mit denen ich mich erstmal ausgiebig beschäftigen muss. Sorry..."

1 neue Nachricht von Zukunft: „In Ordnung. Meld dich einfach, wenn du Zeit hast. Aber pass auf, die Vergangenheit kann ziemlich aufdringlich und unnachgiebig sein, wenn sie dich erstmal in den Fingern hat. Pass auf, dass du dabei die Gegenwart nicht zu sehr vernachlässigst. LG Deine Zukunft"

Später...

...

Später...

1 neue Nachricht von Zukunft: „Hi, wie geht's dir? Alles in Ordnung? LG Deine Zukunft"

Später...

1 neue Nachricht von Zukunft: „Hallo? Alles ok?"

Später...

...

Später...

5 verpasste Anrufe von Zukunft

Später...

Tocktock

„Hi, ich bin's, die Zukunft. Ich mach mir langsam ein bisschen Sorgen um dich. Du meldest dich nicht mehr und gehst nicht ans Telefon... Darf ich reinkommen?"

„Es ist gerade meine Vergangenheit da, wir besprechen unglaublich wichtige Erinnerungen, die sie ausgegraben hat. Du könntest nächste Woche vorbeikommen, da habe ich noch nicht so viel vor."

„In Ordnung, das klingt gut. Bis dann!"

Eine Woche später…

Tocktock

„Hi, ich bin's wieder, die Zukunft. Hast du grade Zeit?"

„Hallo Zukunft… ich bin so unendlich erschöpft. Ich glaube nicht, dass ich heute die Kraft für ein Treffen mit dir habe… Kannst du nächste Woche nochmal vorbeikommen?"

„Oh je, wie siehst du denn aus? Was ist passiert?"

„Meine Vergangenheit und ich hatten die letzten Abende immer sehr lange Treffen, die bis spät in die Nacht gingen. Da blieb natürlich nicht viel Zeit zum Schlafen übrig."

„Meinst du nicht, dass du die Treffen mit der Vergangenheit mal bleiben lassen solltest. Sie scheint dir grade nicht besonders gut zu tun. Konzentriere dich mal auf deine Gegenwart, die leidet da nämlich ziemlich drunter… und ich würde dich demnächst einfach mal gern auf ein kleines Gespräch treffen.

Nichts Großartiges, nur ein bisschen plaudern. Aber erhol dich zuerst und kümmer dich um deine Gegenwart, dann meld dich nochmal."

„Na gut, mal sehen… ich meld mich dann."

Später…

…

Später…

1 neue Nachricht von Zukunft: „Hi, wie sieht's aus? Hast du demnächst mal ein bisschen Zeit für mich? LG Deine Zukunft"

„Gib mir noch ein bisschen Zeit. Ich treffe mich nur noch selten mit meiner Vergangenheit und kümmere mich mehr um meine Gegenwart. Aber sie hat, wie du gesagt hast, etwas darunter gelitten. Daher brauche ich noch ein bisschen, um das wieder gerade zu richten. Dann kann ich mich auf dich konzentrieren."

1 neue Nachricht von Zukunft: „Das klingt gut, ich bin stolz auf dich. Und ich warte. Bis dann. LG Deine Zukunft"

Später...

„Hi, ich glaube, ich wäre so weit, dass wir uns mal zusammensetzen könnten. Wann hast du Zeit?"

Tocktock

„Ich stehe direkt vor deiner Tür. Darf ich reinkommen?"

„Hallo Zukunft, wie kommst du so schnell hierher? Aber natürlich, komm rein."

„Ich war eigentlich die ganze Zeit schon direkt vor deiner Tür. Aber du hast mich immer ausgeblendet, weil du zu sehr mit deiner Vergangenheit beschäftigt warst."

„Das tut mir leid... Jetzt habe ich auf jeden Fall Zeit für dich."

„Das freut mich. Und es muss dir nicht leid tun. Die Vergangenheit zieht einen schnell in ihre Fänge und dann ist es schwer, ihr zu entkommen. Darum habe ich dich immer wieder erinnert, dass es auch noch die Gegenwart und mich gibt, um die du dich kümmern solltest. Und genau dafür bin ich da."

Ins Leben gestolpert

Ins Leben gestolpert
Mittendrin gelandet
Ohne Anleitung
Ohne Plan

Wie geht Leben eigentlich?
Was gehört dazu?
Wo führt es hin?

Ins Leben gestolpert
Irgendwie abgefangen
Ohne Vorbereitung
Ohne Ahnung

Wie findet man sich zurecht?
Was brauche ich alles?
Wo komme ich am Ende an?

Ins Leben gestolpert
Einfach losgegangen
Ohne Ziel
Ohne Richtung

Wie weiß ich, wann ich angekommen bin?
Was muss ich alles machen?
Wo bin ich?

Nacht

Dunkelheit breitet sich aus
Verdrängt das letzte Licht des Tages
Bringt der Welt die Nacht

Ruhe breitet sich aus
Verdrängt den Lärm des Tages
Bringt die Welt zum Schweigen

Dunkelheit und Ruhe begegnen sich
Tanzen Hand in Hand zu lautloser Musik
Erobern die Tanzfläche mit großen Schritten
Wirbeln rasend schnell umeinander
Bleiben aber unheimlich ruhig

Die Dunkelheit zieht um die Häuser
Strömt aus in die kleinen Ecken
Kriecht in die Zimmer von einsamen Menschen

Die Ruhe legt sich über die Straßen
Betäubt die Belebtheit des Tages
Sucht Unterhaltung bei einsamen Menschen

Dunkelheit und Ruhe finden sich wieder
Dringen gemeinsam ein in die Herzen der Einsamen
Verdunkeln die Gedanken
Betäuben die Gefühle
Lassen die Herzen schwarz und leer zurück

Die Dunkelheit nutzt die Wehrlosigkeit der Schwachen aus
Hinterlässt Schatten in ihren Gedanken
Macht sie immer finsterer

Die Ruhe schiebt die Gedanken unauffällig in den Vordergrund
Lässt sie lauter werden
Gibt ihnen die Macht

Dunkelheit und Ruhe spielen ein abgekartetes Spiel
Lassen die Schwachen verlieren
Greifen die Starken nicht an
Lassen die die alleine sind noch einsamer zurück
Geben denen in Gesellschaft noch mehr Freunde

Die Dunkelheit schaut spöttisch auf die Verlierer herab
Schenkt den Starken die Nacht als Schutzraum
Raubt den Schwachen den Schlaf

Die Ruhe setzt sich herablassend lächelnd zu den Schlaflosen
Schenkt den Starken Erholung
Nimmt den Schwachen alle Hoffnung

Dunkelheit und Ruhe beherrschen die Nacht
Schüren Ängste und Zweifel
Verstärken die negativen Gedanken des Tages
Lösen jegliches Selbstvertrauen in Luft auf
Sind die Monster der Nacht vor denen du dich fürchtest

Die Dunkelheit schlägt zu
Wenn du dich auch nur einen Moment angreifbar zeigst
Wenn du deine Gedanken auch nur kurz nicht völlig unter
Kontrolle hast

Die Ruhe besiegt dich
Wenn du alleine bist
Wenn du die Musik nicht laut genug machst um sie zu übertönen

Dunkelheit und Ruhe haben dich im Griff
Bis du die Kraft findest dich von ihnen nicht mehr beeindrucken
zu lassen
Bis du endlich im Schlaf ein wenig Frieden findest
Bis die ersten Vögel in der Früh die Ruhe vertreiben
Bis die Sonne wieder aufgeht und mit ihren Strahlen der
Dunkelheit keinen Platz mehr lässt

Wenn die Angst malt

Ein schwarzer Pinselstrich
Dann noch einer quer drüber
Schwarz ausgemalt
Andere Farben gibt es nicht
Denn die Angst malt wieder

Düstere Szenarien
Schmücken Stück für Stück deine Gedanken
Lassen es dunkler scheinen als es ist
Auf einmal ist auch tagsüber Nacht
Denn die Angst malt wieder

Eine dünne Linie der Hoffnungslosigkeit
Ein Kreis voll Verzweiflung
Dunkle Wolken der Ungewissheit drohen über allem
Flecken der Unsicherheit zieren das Ganze
Denn die Angst malt wieder

Die andere Seite des Tages

Auf der anderen Seite des Tages ist alles anders, umgekehrt, auf den Kopf gestellt.
Statt bunter Farben im goldenen Licht der Sonne
tanzen dunkle Schatten im silbernen Zwielicht des Mondes.
Statt des regen Treibens voller Lebhaftigkeit
herrscht wunderbare Ruhe ohne Ablenkung.
Statt uns ständig darauf zu konzentrieren, alle Regeln einzuhalten,
genießen wir die Freiheit, die wir mit der Dunkelheit auf einmal gewonnen haben.
Statt Angst zu haben, verurteilt zu werden,
flüchten wir uns in die Finsternis, die uns auffängt.
Auf der anderen Seite des Tages ist die Nacht.

Die Nacht, die uns die Ruhe bietet,
um wieder bei uns anzukommen.
Die Nacht, die uns Abstand von den Dingen bietet,
die wir auf der einen Seite des Tages erlebt haben.
Die Nacht, die uns eine Pause bietet,
damit wir wieder frei durchatmen können.

Die Nacht, die uns den Mut gibt,
uns große Taten auszumalen.
Die Nacht, die uns die Zeit gibt,
von unserem Mut zu träumen.
Die Nacht, die uns die Kraft gibt,
den Mut dann auch einzusetzen.

Die Nacht mit ihrem silbernen Schein,
der uns für eine Weile schön fühlen lässt.
Die Nacht mit ihren glitzernden Sternen,
die Geschichten aus einer anderen Welt erzählen.
Die Nacht mit ihrer Dunkelheit,
die so viele Geheimnisse verbirgt.

Auf der anderen Seite des Tages ist die Nacht.
Dort können wir ein wenig ausharren,
bis es auf der einen Seite wieder ruhiger wird.
Dort können wir unser Inneres sortieren,
wenn es auf der einen Seite etwas durcheinander geraten ist.
Dort können wir die Gedanken frei lassen,
weil die Dunkelheit sie verschluckt und niemand jemals etwas
davon erfährt.
Dort können wir einfach sein,
weil keiner sich darum kümmert, was wir tun.
Auf der anderen Seite des Tages ist alles anders, umgekehrt, auf
den Kopf gestellt.

Auf der anderen Seite des Tages haben Ängste auf einmal Platz
und wir können uns ihnen stellen.
Auf der anderen Seite des Tages haben Gedanken auf einmal
Platz,
die wir auf der einen Seite nicht zulassen konnten.
Auf der anderen Seite des Tages haben Sorgen auf einmal Platz,
damit wir sie in Ruhe wahrnehmen können.

Auf der anderen Seite des Tages sind wir echt,
weil wir keine Maske mehr brauchen.
Auf der anderen Seite des Tages fließen die Tränen,
weil sie im silbernen Schein sanft glitzern.
Auf der anderen Seite des Tages fühlen wir wirklich,
weil keiner uns mehr sagt, was richtig ist.

Auf der anderen Seite des Tages lernen wir die Monster unter
unserem Bett kennen
und stellen fest, dass sie gar nicht so schlimm sind.
Auf der anderen Seite des Tages verstehen wir endlich,
dass die Monster nichts anderes als unsere Ängste, Gedanken
und Sorgen sind.
Auf der anderen Seite des Tages wird uns klar,
dass unsere Monster nur ein wenig Zeit und Ruhe brauchen –
wie wir.
Auf der anderen Seite des Tages ist alles anders, umgekehrt, auf
den Kopf gestellt.

Nachdem wir uns auf der einen Seite ständig krampfhaft bemüht haben, erwachsen zu wirken,
werden wir wieder zu Kindern, die Geborgenheit suchen.
Nachdem wir auf der einen Seite ständig auf der Suche nach Ruhe waren,
finden wir sie endlich und genießen sie.
Nachdem wir uns auf der einen Seite ständig bemüht haben, stark zu wirken,
geben wir endlich nach und gönnen uns eine Pause.
Nachdem wir auf der einen Seite ständig auf der Suche nach uns waren,
kommen wir nachts endlich bei uns an.
Auf der anderen Seite des Tages ist die Nacht.

Und manchmal sind es Albträume, die uns nachts verfolgen,
weil wir zu viel mit auf die andere Seite genommen haben.
Manchmal finden wir keine Ruhe,
weil wir nicht denken, dass wir sie verdient haben.
Manchmal ist eine Nacht viel zu lang,
weil wir keinen Schlaf finden, wenn die Gedanken uns keine Ruhe lassen.

Manchmal reicht die Nacht nicht aus, um genug Erholung zu finden,
weil der Tag zu lang war.
Manchmal brauchen wir mehrere Nächte,
um herauszufinden, was für uns das Richtige ist.
Manchmal ist der Zauber der Nacht nicht genug,
um in dir drin wieder Ordnung zu schaffen.

Aber manchmal verändert eine Nacht alles,
wenn du dich darauf einlässt.
Manchmal leuchtet ein Stern nur für dich,
um dir zu zeigen, dass du nicht allein bist.
Manchmal verzaubert die Nacht uns mit ihrem silbernen Schein ein wenig,
sodass wir am nächsten Tag dafür sorgen, dass es hell ist, weil wir so leuchten.

Herbst

Ich stehe im Blätterregen
Sinke langsam mich drehend zu Boden
Suche im Laub sehnsüchtig das Grün des Sommers

Ich vermisse die Blumen
Die noch vor ein paar Wochen dort wuchsen
Wo jetzt gelbbraune Blätter den Boden bedecken

Ich taste mich durch das Grau des Nebels
Sehne mich dabei nach der Wärme des Sommers
Der scheinbar schon viel zu lange hinter uns liegt

Ich recke mich verzweifelt ein paar Sonnenstrahlen entgegen
Die sich durch die beinah kahlen Bäume kämpfen
Bis das Grau sie wieder einfängt

Ich spüre wie die Feuchte des Laubs langsam in meine Klamotten
zieht
Wie die Kälte meine Finger klamm macht
Wie die Dunkelheit schon langsam aus den Ecken kriecht

Ich stehe auf
Sehe mich im Herbstwald um
Bewundere das Farbenspiel aus gelb, rot, braun und grau

Ich drehe mich um
Gehe weiter
Tanze dem Herbst entgegen

Im Taschenlampenschein sieht alles viel zauberhafter aus

Ein kleiner gelblicher Lichtkegel irrt suchend durch die
Dunkelheit

Hängt an etwas, fängt etwas ein, verdrängt das Schwarz
Wackelt, flackert, ruckelt dann weiter
Stolpert, holpert, klappert leise

Und er bahnt sich einen Weg durchs Dunkel
Führt in kleinen Schritten durch die Nacht
Hinter jedem Schatten wartet ein Abenteuer
Und der tanzende Lichtschein erweckt sie zum Leben
Im Taschenlampenschein sieht alles viel zauberhafter aus

Ein kleiner gelblicher Lichtkegel schimmert durch die
Deckenhöhle

Auf die Buchseiten gerichtet, durch die Decke lichtdicht
abgedichtet, schnell in die Geschichte geflüchtet
Kurz Luft holen, zurückziehen ganz verstohlen, vor elterlichen
Augen verborgen
Das Geheimnis gut versteckt, kuschlig warm zugedeckt, warte
noch kurz, die Eltern sind gleich weg

Und der Lichtschein wandert über die Seiten
Verfolgt die Geschichte bis spät in die Nacht
Der Lichtschein malt Schatten an die Decke
Erweckt das Abenteuer zum Leben
Im Taschenlampenschein sieht alles viel zauberhafter aus

Ein kleiner gelblicher Lichtkegel malt im dunklen Zimmer die
Wand hell an

Sie wandern, verwandeln und verändern sich
Sie erzählen eine Geschichte, tanzen Gedichte, zaubern
Gestalten ins Licht
Unruhige Schatten, wie sie über die Wand flattern, einander
einen Besuch abstatten

Und sie fliegen durchs Licht
Bilden immer neue Formen aus den kleinen Kinderhänden
Malen ganze Geschichten an die Wand
Verzaubern mit ihrer Wandelbarkeit
Im Taschenlampenschein sieht alles viel zauberhafter aus

Ein kleiner gelblicher Lichtkegel streift durch das staubige Dunkel
des Dachbodens

Will erinnern und verinnerlichen, lässt die Zeit verrinnen
Flitzt durch dunkle Ecken, blitzt durch Erinnerungen, kitzelt den
Staub über allem
Hüpft von Fund zu Fund, lüftet Geheimnisse, knüpft
Verbindungen

Und in den Schatten werden Geschichten weitergesponnen
Aufgeweckt durch einen kleinen Lichtschein
Geheimnisse aus der Vergangenheit führen in bisher unbesuchte
Welten
Offene Fragen lassen weiterträumen
Im Taschenlampenschein sieht alles viel zauberhafter aus

Ein kleiner gelblicher Lichtkegel sammelt Insekten im Lichtschein

Sie tanzen im Taschenlampenlicht, bis der Tag anbricht,
hinterfragen nicht
Wie auf einer Bühne, für einen Moment berühmt, um
Rampenlicht bemüht
Verwirrt, verirrt, irritiert

Und sie fliegen in den Lichtschein
Ein Grenzspiel zwischen Licht und Schatten
Sie tanzen und kümmern sich nicht
Um Gedanken von irgendwem anders
Im Taschenlampenschein sieht alles viel zauberhafter aus

Ein kleiner gelblicher Lichtkegel vertreibt die Schrecken der
Nacht

Aus einem Albtraum aufgeschreckt, von bösen Träumen
geweckt, unter der Bettdecke vor Monstern versteckt
Unsanft aufgewacht, die Taschenlampe angemacht, an etwas
Schönes gedacht
Die Tränen weggewischt, mit einem Schluck Wasser erfrischt,
den Albtraum mit schönen Gedanken gemischt

Und der tröstende Lichtschein beruhigt wieder
Lässt die Gedanken leuchtender werden
Das Zimmer ist wieder sicher
Der Albtraum hat keine Chance mehr
Im Taschenlampenschein sieht alles viel zauberhafter aus

Ein kleiner gelblicher Lichtkegel erforscht den Körper

Leuchtet durch die Hand, wandert die Finger entlang, macht die
Schatten lang
Beleuchtet die Wangen, einen Fleck eingefangen, daran
festgehangen
Liebe fürs Detail, feine Kleinigkeiten, kleine Feinheiten

Und der Lichtstrahl entdeckt die besonderen kleinen Stellen
Beleuchtet sie für einen Moment, damit man sie bewundern
kann
Stellt sie in den Mittelpunkt
Macht sie liebenswert
Im Taschenlampenschein sieht alles viel zauberhafter aus

Ein kleiner gelblicher Lichtkegel ist wie ein Scheinwerfer, nur
kleiner

Auf das Wesentliche beschränkt, das Licht gedämpft, durch das
Dunkel gekämpft
Nur wenig Licht, auf das Kleine gerichtet, das von so viel
berichtet
Immer nur ein kleines Stück, dann langsam weiter gerückt, wenn
jemand kommt, schnell auf den Aus-Knopf gedrückt

Und wenn ein kleiner Lichtstrahl auf das Wichtigste gerichtet ist,
dann reicht das aus
Denn die Bühne des Lebens ist manchmal gar nicht so groß
Es genügt sich Stück für Stück alles anzuschauen
Dann ergibt sich das große Ganze von alleine
Im Taschenlampenschein sieht eben alles viel zauberhafter aus

Und ich finde, wir brauchen mehr Taschenlampenschein
Denn wir brauchen mehr Zauber
Wir brauchen mehr Nachtwanderungsentdeckungen
Wir brauchen mehr nächtliche Deckengeheimnisse
Wir brauchen mehr Schattenabenteuer
Wir brauchen mehr Dachbodenträume
Wir brauchen mehr Taschenlampentänze
Wir brauchen mehr tröstende Albtraumvertreiber
Wir brauchen mehr kurze Entdeckungsreisen
Wir brauchen mehr kleine Scheinwerfer für das Wesentliche
Wir brauchen mehr kindliche Begeisterung für die kleinen Dinge
Denn im Taschenlampenschein sieht alles viel zauberhafter aus

Novemberblues

Nebel zieht trüb durch meinen Kopf
Wie er draußen über die Felder zieht

Nebel verschleiert meinen Blick für die kleinen Dinge
Wie er draußen die ganze Welt verschleiert

Nebel versteckt das Schöne vor mir
Wie er draußen die Welt vor fremden Blicken versteckt

Nebel hängt in meinen Gedanken
Wie er draußen in den Bäumen hängen bleibt

Nebel hüllt mich ein in Traurigkeit
Wie er draußen die Welt in Schweigen hüllt

Schneeflocken

Schneeflocken
Tanzen trudelnd
Ihrem Schmelzpunkt entgegen

Schneeflocken
Stürzen sich langsam sinkend
Ins Verderben

Bücherwürmer

Sie blättern leise
Begeben sich seitenweise
Auf Abenteuerreise

Über eine Sache gelacht
Ein Buch gesucht
Über Wissen in einem Fach nachgedacht

Keinen Moment der Handlung verpassen
Und - kaum zu fassen -
Die Figuren im Kopf lebendig werden lassen

Im Finsteren tuscheln
Flüsterndes Rascheln
Sich in den Schlafsack kuscheln

Die Anzahl der Bücher großzügig bemessen
Zwischendurch etwas essen
Das Buch aber keinen Moment vergessen

Beinah die Nacht durchgemacht
Mit einem Buch Gespenster gesucht
Am Morgen mit müden Augen aufgewacht

Viele Bücher gelesen
In verschiedenen Welten gewesen
Begegnungen mit fantastischen Wesen

wir

Worte

Kein Wort, ein Blick.
Alles ist gesagt.

Viele Worte, kein Blick.
Alles ist gesagt?

Sprachlos

Wir haben Augen
Und doch sind wir blind.
Blind für die Ungerechtigkeit auf der ganzen Welt.

Wir haben Ohren
Und doch sind wir taub.
Taub für die stummen Hilfeschreie so vieler Menschen.

Wir haben Augen, die nur das sehen,
Was wir sehen wollen.
Vor der Ungerechtigkeit werden sie verschlossen.

Wir haben Ohren, die nur das hören,
Was wir hören wollen.
Vor den Hilfeschreien werden sie verschlossen.

Wir haben die Fähigkeit zu sprechen
Und doch sprechen wir nicht.
Wir sind sprachlos, weil wir Augen und Ohren verschlossen
haben.

Beleuchtet

Beleuchtete Fenster
Zogen die Blicke magisch an,
Erfreuten die Menschen.

Beleuchtete Smartphones
Ziehen die Blicke magisch an,
Erfreuen die Menschen?

Samen

Ein Samen, der in die Erde gepflanzt wird,
fragt nicht, was es für einen Sinn ergibt,
dass er im Dunkeln sitzt,
sondern wächst Stück für Stück nach oben ans Licht und wird zu
einem starken Baum.

Ein Baum, der mitten auf einer Wiese steht,
fragt nicht, was es für einen Sinn ergibt,
dass er da steht,
sondern wächst und spendet Schatten.

Ein Stern, der am Himmel leuchtet,
fragt nicht, was es für einen Sinn ergibt,
dass er jede Nacht die gleiche Stelle erhellt,
sondern leuchtet und erfreut damit einen Menschen, der jeden
Abend in den Himmel schaut, weil er jemanden vermisst.

Ein Baby, das gerade erst geboren wurde,
fragt nicht, was es für einen Sinn ergibt,
dass es jetzt hier ist,
sondern nimmt sein Leben an und erkundet seine neue Welt.

Nur wir fragen dauernd nach dem Sinn,
wollen wissen, wofür etwas gut ist,
warum wir etwas machen.

Lass uns den Sinn einmal vergessen,
lass uns zum Licht wachsen,
lass uns stark werden,
lass uns leuchten und einem Menschen damit helfen,
lass uns unser Leben annehmen und unsere Welt erkunden.

Glauben wir?

Glauben wir an Träume,
weil wir hoffen, dass sie wahr werden?
Oder werden Träume wahr,
weil wir an sie glauben?

Glauben wir an uns,
weil wir hoffen, dass wir etwas schaffen?
Oder schaffen wir etwas,
weil wir an uns glauben?

Glauben wir an die Hoffnung,
weil wir hoffen, dass sie uns hilft?
Oder hilft uns die Hoffnung,
weil wir an sie glauben?

Sie wissen nichts

Sie sagen,
wir sollen an unsere Träume glauben.
Aber was,
wenn es Albträume sind?

Sie wünschen uns,
dass unsere Träume in Erfüllung gehen.
Aber was,
wenn es Albträume sind?

Sie wollen,
dass wir unseren Träumen folgen.
Aber was,
wenn es Albträume sind?

Sie glauben,
dass Träume uns stark machen.
Aber was,
wenn es Albträume sind?

Sie denken,
dass wir mit Träumen unsere Ziele erreichen.
Aber was,
wenn es Albträume sind?

Sie fragen nicht,
ob wir an unsere Träume glauben wollen.
Denn sie wissen nicht,
dass es Albträume sind.

Sie wünschen uns nicht,
dass wir endlich aus dem Traum aufwachen.
Denn sie wissen nicht,
dass es Albträume sind.

Sie wollen nicht,
dass wir unsere Träume aufgeben.
Denn sie wissen nicht,
dass es Albträume sind.

Sie glauben nicht,
dass unsere Träume uns kaputtmachen.
Denn sie wissen nicht,
dass es Albträume sind.

Sie denken nicht,
dass unsere Träume uns immer weiter von unserem Ziel
wegbringen.
Denn sie wissen nicht,
dass es Albträume sind.

Sie fragen,
warum wir unseren Träumen nicht folgen wollen.
Wir erklären ihnen,
dass es Albträume sind.

Sie verstehen nicht,
dass unsere Träume nicht in Erfüllung gehen sollen.
Wir erklären ihnen,
dass es Albträume sind.

Sie wollen wissen,
warum wir nicht gerne träumen.
Wir erklären ihnen,
dass es Albträume sind.

Sie glauben,
dass alle Träume schön sind.
Wir erklären ihnen,
dass es Albträume sind.

Sie denken,
dass wir einfach nur positiv denken müssen.
Wir erklären ihnen,
dass es Albträume sind.

Sie sagen,
dass alles nicht so schlimm ist.
Denn sie wissen nicht,
was Albträume sind.

Sie wünschen uns,
dass wir lernen, positiv zu denken.
Denn sie wissen nicht,
was Albträume sind.

Sie wollen,
dass wir stark bleiben.
Denn sie wissen nicht,
was Albträume sind.

Sie glauben,
dass es an unserer Einstellung liegt.
Denn sie wissen nicht,
was Albträume sind.

Sie denken,
dass wir uns einfach nur ändern müssen.
Denn sie wissen nicht,
was Albträume sind.

Sie haben keine Ahnung,
dass stark zu sein unsere einzige Option ist,
damit wir
diese Albträume überstehen.

Sie verstehen nicht,
dass es nicht an unserer Einstellung liegt,
sondern dass
die Albträume wirklich so schlimm sind.

Sie wollen,
dass wir die Vergangenheit loslassen,
dann werden
die Albträume von alleine zu Ende gehen.

Sie wundern sich,
dass wir die Hoffnung nicht aufgeben,
dass wir irgendwann
aus den Albträumen aufwachen werden.

Sie wissen nicht,
dass wir weiterkämpfen werden,
bis
die Albträume endlich vorüber sind.

Wir sagen ihnen nicht,
dass sie keine Ahnung haben.
Denn sie wissen nicht,
wie unsere Albträume sind.

Wir kämpfen
jeden Tag weiter,
damit wir irgendwann
aus diesen Albträumen aufwachen.

Wir geben nicht auf,
auch wenn wir denken, dass es nicht mehr geht.
Denn wir können nicht
unsere Albträume gewinnen lassen.

Wir leben
jeden Tag
und überlegen,
was wir hier in diesen Albträumen machen.

Wir hoffen,
dass wir irgendwann aufwachen
und feststellen,
dass wirklich alles nur ein Albtraum war.

Pause, Ende. Weiter;

, eine Pause, die zum Luftholen dient, nach der es weitergeht, bis zum
. Ende. Hier hört der Satz auf. Danach kann ein neuer Satz angefangen werden
; ich hätte den Satz hier beenden können; aber ich habe mich entschieden weiterzuschreiben;
, mach mal Pause, atme durch, ruh dich aus,
. beende etwas. Danach kannst du etwas Neues anfangen. Schreib deine Geschichte weiter.;
; du hättest es hier beenden können; entscheide dich; es ist deine Geschichte;

Ein neues Leben

Wir haben nur ein Leben.
Deshalb müssen wir es nutzen.
Wir müssen erfolgreich sein.
Wir müssen Geld verdienen.
Wir müssen dies.
Wir müssen das.
So heißt es immer.

Aber es ist mein Leben.
Und vielleicht ist es nicht nur eins.
Vielleicht sind es ganz viele kleine Leben,
die am Ende ein großes ergeben.
Mein Leben.
Und diese kleinen Leben kann ich immer wieder neu anfangen.

Jedes Jahr ein neues Leben
mit neuen Wegen,
die mich an mir bis dahin unbekannte Orte führen.

Jeden Monat ein neues Leben
mit neuen Gedanken,
die ein Umdenken ermöglichen.

Jede Woche ein neues Leben
mit einer neuen Einstellung,
durch die andere Blickwinkel entstehen.

Jeden Tag ein neues Leben
mit neuen Momenten,
die mich zum Lachen bringen.

Jede Stunde ein neues Leben
mit neuen Chancen,
die ich nutzen kann.

Jede Minute ein neues Leben
mit neuen Erfahrungen,
die mich noch lange begleiten werden.

Jede Sekunde ein neues Leben
mit neuen Erinnerungen,
die mich auch in Zukunft an diesen Moment zurückdenken lassen
werden.

So viele Möglichkeiten
immer wieder neu anzufangen,
ein neues Leben zu leben.
Mein Leben.

Wie geht's dir?

„Wie geht's dir?"
„Gut."
Ohne nachzudenken,
ohne zu zögern.
Eine schnelle Antwort.

„Wie geht's dir?"
„Gut."
Kurz und knapp,
mal nebenbei.
Eine automatisierte Antwort.

„Wie geht's dir?"
„Gut."
Vermittelt, dass alles super ist,
wird zu schnell geglaubt.
Eine zufriedenstellende Antwort.

„Wie geht's dir?"
„Gut."
Keine Fragen riskieren,
auf die man keine Antwort weiß.
Eine ausweichende Antwort.

„Wie geht's dir?"
„Gut."
Tausend Gedanken im Hinterkopf,
Tränen in den Augen.
Keine ehrliche Antwort.

„Wie geht's dir?"
„Gut."
Verzweiflung, die zu dieser Antwort treibt,
Angst, die die Verzweiflung bestärkt.
Eine verzweifelte Antwort.

„Wie geht's dir?"
„Gut."
Weil keine Worte da sind,
die beschreiben, wie man sich fühlt.
Eine hilflose Antwort.

„Wie geht's dir?"
„Gut."
„Das ist schön."
Keine weiteren Fragen.
Die einfachste Antwort.

Fliegen

Fliegen
heißt, loslassen können,
was einen runterzieht.

Fliegen
heißt, daran zu glauben,
dass man abheben kann.

Fliegen
heißt, einfach abzuheben,
ohne nachzudenken, wie.

Fliegen
bringt uns an unsere Grenzen,
schenkt uns neue Freiheit.

Fliegen
lässt uns Neues entdecken,
wenn wir bereit sind, Altes zurückzulassen.

Fliegen
ist aber nicht so einfach,
muss gelernt werden.

Fliegen lernen
heißt lernen, loszulassen,
etwas zurückzulassen.

Fliegen lernen
heißt an sich selbst zu glauben,
auf seine Fähigkeiten zu vertrauen.

Fliegen lernen
heißt den Mut zu haben,
einfach abzuheben.

Fliegen lernen
braucht Zeit und Geduld,
geht nicht ohne Selbstvertrauen.

Fliegen lernen
bedeutet manchmal, sich zu öffnen,
damit alles raus kann.

Fliegen lernen
geht manchmal nicht allein,
braucht jemanden, der einen von den Lasten befreien kann.

Erinnerungen

Erinnerungen
sind beleuchtete Momente aus der Vergangenheit.
Beleuchtet von der Zeit,
weil sie von Bedeutung sind.
Beleuchtet von der Zeit,
weil sie mal von Bedeutung waren.

Erinnerungen
sind besondere Ausschnitte aus der Vergangenheit.
Besonders schön,
weil sie dich glücklich machen.
Besonders schlimm,
weil sie dich traurig oder wütend machen.

Erinnerungen
sind gesammelte Schätze aus der Vergangenheit.
Gesammelt,
weil sie dir sehr wichtig sind.
Gesammelt,
weil sie viel verändert haben.

Erinnerungen
sind hängengebliebene Stücke aus der Vergangenheit.
Hängengeblieben
und unmöglich loszuwerden.
Hängengeblieben
und manchmal quälend.

Erinnerungen
sind ewige Teufelskreise aus der Vergangenheit.
Ewig,
weil sie nicht zu stoppen sind.
Ewig,
weil du sie nie loswerden wirst.

Erinnerungen
sind hartnäckige Kämpfer aus der Vergangenheit.
Hartnäckig,
weil sie immer wieder auftauchen.
Hartnäckig,
weil sie nicht aufhören, bis du ganz kaputt bist.

Erinnerungen
sind kleine Sterne am Himmel der Vergangenheit.
Kleine Sterne,
wenn wir akzeptieren, was war.
Kleine Sterne,
wenn wir lernen, das Positive darin zu sehen.

Diese kleinen Momente

Es sind diese kleinen Momente,
in denen man lachen muss
und nicht mehr damit aufhören kann.

Es sind diese kleinen Momente,
in denen sich alles richtig anfühlt,
auch wenn es nur für diesen Moment ist.

Es sind diese kleinen Momente,
die einen wieder hochziehen,
wenn es einem schlecht geht.

Es sind diese kleinen Momente,
in denen man am liebsten die Zeit kurz anhalten würde,
damit man es noch mehr genießen kann.

Es sind diese kleinen Momente,
die man am liebsten wieder und wieder erleben würde,
weil man sich so gut gefühlt hat.

Es sind diese kleinen Momente,
von denen man am liebsten will, dass sie nie enden,
weil man endlich mal einfach nur glücklich ist.

Es sind diese kleinen Momente,
in denen man endlich mal an nichts anderes denkt,
sondern einfach nur da ist.

Es sind diese kleinen Momente,
die einem den Tag retten können,
wenn er sonst nicht gut war.

Es sind diese kleinen Momente,
die mich am Leben halten,
mein Leben jeden Tag aufs Neue lebenswert machen.

Es sind diese kleinen Momente,
die mich in schlechten Zeiten immer wieder aufstehen lassen,
mich zum Weitermachen bewegen.

Es sind diese kleinen Momente,
die mir die Hoffnung geben,
dass am Ende wirklich alles gut wird.

Was ist passiert?

Dicke Mauern aus Wut
Mit hohen Türmen aus Stolz

Breite Flüsse aus Sturheit
Neben stürmischen Bächen aus Angst

Undurchdringliche Tore aus Verschlossenheit
Mit starken Schlössern aus Verschwiegenheit

Harte Geschosse aus Vorwürfen
Angriffe aus Unsicherheit

Schluchten aus Verachtung
Entfernung voneinander aus Trotz

Die Türen aus Freundlichkeit sind verschlossen
Die Leitern aus Hilfsbereitschaft sind hochgezogen

Die Flussbetten aus Entgegenkommen sind ausgespült
Die seichten Stellen aus Schutz sind überflutet

Die leichten Tore aus Offenheit sind ausgetauscht
Die Fenster aus Erzählfreude sind verschlossen

Die bunten Fahnen zum Willkommenheißen sind abgehängt
Die kleinen Besuche voller Sicherheit sind abgesagt

Die Brücken aus Angenommensein sind zerschlagen
Das Gefühl der Nähe ist weit weg

Was ist passiert?

Im Regen tanzen

Wenn dich jemand im Regen stehen lässt,
dann fang an, im Regen zu tanzen.

Wenn du da ganz alleine stehst,
dann hör auf das Trommeln der Regentropfen um dich herum.

Wenn die Tropfen auf dich herunterprasseln,
dann schau nach oben und versuch sie aufzufangen.

Wenn der Regen dich langsam durchnässt,
dann genieße die frische Kühle auf deiner Haut.

Wenn das Wasser an dir herunterläuft,
dann spüre nach, wie alles abgewaschen wird.

Wenn du im Regen tanzt,
dann achte nur auf den Rhythmus der Tropfen.

Wenn du in eine Pfütze springst,
dann ignoriere die Blicke der anderen Leute.

Wenn du dich mit ausgebreiteten Armen im Regen drehst,
dann fordere die Leute auf, mitzumachen.

Wenn du den Regen voll und ganz genießt,
dann danke der Person, die dich stehengelassen hat.

Wie machen wir das?

Wie machen wir das, dass wir jeden Tag wieder aufstehen,
auch wenn der Tag davor nicht gut war,
auch wenn es uns nicht gut geht?

Wie machen wir das, dass wir einfach weitermachen,
auch wenn um uns herum alles zu zerbrechen scheint,
auch wenn wir selbst gerade zerbrechen?

Wie machen wir das, dass wir die schlechtesten Tage
überstehen,
auch wenn wir das Gefühl haben, dass wir das nie schaffen,
auch wenn wir so oft kurz davor sind aufzugeben?

Wie machen wir das, dass wir für andere lächeln,
auch wenn uns nicht danach zumute ist,
auch wenn wir dafür die Tränen zurückdrängen müssen?

Wie machen wir das, dass jeder denkt, dass es uns gut geht,
auch wenn wir innerlich gerade zusammenbrechen,
auch wenn wir eigentlich nur noch weinen wollen?

Wie machen wir das, dass wir andere aufmuntern,
auch wenn wir selbst am Boden sind,
auch wenn wir nicht mehr weiter wissen?

Wie machen wir das, dass wir einfach weiter funktionieren,
auch wenn wir innerlich kaputt sind,
auch wenn immer mehr kaputt geht?

Wie machen wir das, dass wir für andere die Starken spielen,
auch wenn wir abends weinend im Bett liegen,
auch wenn wir uns unglaublich schwach fühlen?

Wie machen wir das, dass wir so tun als würde es uns nichts
ausmachen,
auch wenn es so wehtut,
auch wenn es uns fast umbringt?

Wie machen wir das, dass wir anderen sagen, wie wertvoll sie
sind,
auch wenn wir an uns selbst zweifeln,
auch wenn wir uns selbst manchmal so wertlos fühlen?

Wie machen wir das, dass wir uns nichts anmerken lassen,
auch wenn wir die ganze Zeit am Kämpfen sind,
auch wenn wir das Gefühl haben, den Kampf zu verlieren?

Wie machen wir das, dass wir irgendwie alles zusammenhalten,
auch wenn es auseinanderfällt,
auch wenn es längst auseinandergefallen ist?

Wie machen wir das, dass wir tief durchatmen und
weitermachen,
auch wenn uns von innen die Angst auffrisst,
auch wenn die Panik uns packt?

Wie machen wir das, dass wir uns weiter konzentrieren,
auch wenn im Kopf die Gedanken völlig verrückt spielen,
auch wenn uns so viel anderes beschäftigt?

Wie machen wir das, dass wir es durch den Tag schaffen,
auch wenn wir die ganze Nacht nicht geschlafen haben,
auch wenn jeder Schritt so anstrengend ist?

Wie machen wir das, dass wir aufrecht stehen bleiben,
auch wenn sich alles dreht,
auch wenn es nichts zum Festhalten gibt?

Wie machen wir das, dass wir weiter hoffen, dass alles gut wird,
auch wenn so vieles dagegen spricht,
auch wenn wir im Moment verzweifeln?

Wie machen wir das, dass wir nicht aufgeben,
auch wenn uns die Kraft ausgeht,
auch wenn es manchmal aussichtslos scheint?

Wie machen wir das alles?

quality time

miteinander quatsch machen
die zeit genießen
einfach zusammen sein

ernste gespräche führen
einander anvertrauen
einfach zusammen sein

miteinander lachen
spaß haben
einfach zusammen sein

probleme anschauen
gemeinsam nach lösungen suchen
einfach zusammen sein

einander zuhören
in den arm nehmen
einfach zusammen sein

einander halt geben
dem anderen die hand reichen
einfach zusammen sein

miteinander kind sein
an das unmögliche glauben
einfach zusammen sein

sich gegenseitig mut machen
aneinander glauben
einfach zusammen sein

man selbst sein
verrückte sachen machen
einfach zusammen sein

füreinander da sein
die gemeinsame zeit genießen
einfach zusammen sein

Du entscheidest!

Einfach sein
nicht kompliziert
ohne viel Schnickschnack
Einfach *sein*
man selbst sein
ohne viele Gedanken leben

Zusammen sein
miteinander Zeit verbringen
füreinander da sein
Zusammen *sein*
miteinander man selbst sein
sich keine Gedanken machen

Zulassen
sich für etwas öffnen
etwas annehmen
Zulassen
sich selbst geschlossen halten
nichts rein- oder rauslassen

Du entscheidest!

Weggehen - den Weg gehen

Weggehen
Von dem, was uns Stress bereitet
Von dem, was wir hinter uns lassen wollen
Von dem, was uns festhält

Den Weg gehen
Auf dem wir Ruhe finden können
Auf dem wir etwas loswerden können
Auf dem wir wieder frei werden können

Weggehen
Weil man Ruhe braucht
Weil man aus dem Alltag raus muss
Weil man eine Auszeit braucht

Den Weg gehen
Auch wenn er anstrengend ist
Auch wenn man meint, dass die Kraft nicht reicht
Auch wenn man zwischendurch zweifelt

Weggehen
Etwas auf den Weg mitnehmen
Etwas sein lassen lernen
Etwas Ruhe finden

Den Weg gehen
An seine Grenzen gehen
Den Weg gemeinsam gehen
Den Weg mit Gott gehen

Untergehen

Von Zeit zu Zeit haben wir das Gefühl unterzugehen.
Wenn alles zu viel ist.
Wenn wir zu viel mittragen.
Wenn wir davon runtergezogen werden.

Und wir haben Angst davor.
Angst, weil wir nicht sehen, was da unten ist.
Angst, alleine zu sein.
Angst, nicht mehr hochzukommen.

Aber warst du schon mal unter Wasser?
So still.
So friedlich.
So voller Leben.

Sollten wir das Untergehen nicht nutzen?
Um ruhig zu werden.
Um Frieden zu finden.
Um für eine Weile in eine andere Welt zu flüchten.

Und wir sollten aus dieser anderen Welt einiges mitnehmen.
Die innere Ruhe, die wir dort endlich finden können.
Den Frieden mit uns selber, der uns so lang gefehlt hat.
Die Möglichkeit, zwischendurch ohne Angst einfach mal
untergehen zu können.

Sich selbst vergeben

Sich selbst zu vergeben
heißt lernen zu leben.

Auf sich selbst zu vertrauen
heißt voller Zuversicht nach vorne zu schauen.

Sich selbst zu verzeihen
heißt seinem Leben wieder mehr Leben zu verleihen.

An sich selbst zu glauben
heißt sich auch mal Pausen zu erlauben.

Sich selbst in die Augen zu schauen
heißt selbstbewusst an seiner Zukunft zu bauen.

im zug

du sitzt im zug
neben dir ein fremder typ
du schaust ihn an
seltsame gestalt
sonnenbrille im zug
es scheint ja nichtmal draußen die sonne
war wahrscheinlich letzte nacht zu lang feiern
hat ein bisschen zu viel getrunken
und hat jetzt einen kater
tja selber schuld
er hätte es ja nicht so übertreiben müssen
abfällig schnaubend wendest du dich ab

du wartest am bahnhof
neben dir eine fremde frau
du schaust sie an
seltsame gestalt
total nervös und zittrig
blickt sich ständig um
bestimmt eine drogenabhängige
wartet hier auf ihren dealer
hat angst dass die polizei sie schnappen könnte
tja selber schuld
sie hätte ja nicht damit anfangen müssen
abfällig schnaubend wendest du dich ab

du läufst durch die stadt
am straßenrand ein fremder typ
du schaust ihn an
seltsame gestalt
ein ausländer
macht musik
du hast natürlich nichts gegen ausländer
aber das ist bestimmt einer von denen die hierher flüchten
und dann nicht arbeiten wollen sondern straßenmusik machen
tja selber schuld
hätte er sich lieber mal arbeit gesucht
abfällig schnaubend wendest du dich ab

du fährst straßenbahn
ein paar sitze weiter ein fremdes mädchen
du schaust sie an
seltsame gestalt
sie weint
wischt die tränen immer wieder weg
will vermutlich dass keiner sie sieht
bestimmt hat ihr freund schluss gemacht
wahrscheinlich auch noch über whatsapp
tja selber schuld
in dem alter gibt es halt noch nicht die große liebe
abfällig schnaubend wendest du dich ab

du stehst an der bushaltestelle
ein paar meter weiter ein fremder junge
du schaust ihn an
seltsame gestalt
er sieht sehr unglücklich aus
seine jeans hat ein loch
darunter ist das knie aufgeschlagen
ist wahrscheinlich nur hingefallen
hat vermutlich zu wild getobt auf dem schulhof
tja selber schuld
wenn die eltern ihre kinder ja nur noch am handy abstellen
abfällig schnaubend wendest du dich ab

du bist nachts auf dem heimweg
auf der anderen straßenseite ein halbstarker
du schaust ihn an
seltsame gestalt
lungert da rum
dabei sollte er längst daheim sein
hat wahrscheinlich heimlich mit seinen kumpels getrunken
obwohl alle zu jung sind
fühlte sich wahrscheinlich auch noch unendlich cool dabei
kann jetzt aber noch nicht heim damit niemand was rausfindet
tja selber schuld
wahrscheinlich gabelt ihn irgendwann die Polizei auf
abfällig schnaubend wendest du dich ab

aber weißt du dass der typ neben dir im zug letzte nacht nicht
feiern war
weißt du dass er das seit jener nacht nicht mehr gemacht hat
weißt du dass die sonnenbrille nicht gegen helles licht war
weißt du dass die sonnenbrille seine augen verstecken sollte
weißt du dass er seit einem unfall blind ist

weißt du dass die frau am bahnhof keine drogenabhänge ist
weißt du dass sie das noch nie war
weißt du dass sie nicht auf ihren dealer wartet
weißt du dass sie heute ihren ersten arbeitstag hat
weißt du dass sie eine angststörung hat

weißt du dass der typ am straßenrand kein ausländer ist
weißt du dass er hier geboren wurde
weißt du dass er einen gut bezahlten job hat
weißt du dass er einfach gerne musik macht
weißt du dass er damit gerne leute glücklich macht

weißt du dass das mädchen in der straßenbahn keine trennung
von ihrem freund hinter sich hat
weißt du dass sie überhaupt keinen freund hat
weißt du dass sie keinen sinn mehr in ihrem leben sieht
weißt du dass sie niemanden hat mit dem sie darüber reden kann
weißt du dass sie depressiv ist

weißt du dass der junge an der bushaltestelle nicht einfach nur
hingefallen ist
weißt du dass seine eltern ihn nicht am handy abstellen
weißt du dass er nichtmal ein handy hat
weißt du dass seine eltern nicht genug geld dafür haben
weißt du dass er in der schule deshalb gemobbt wird

weißt du dass der halbstarke auf der anderen straßenseite nicht
getrunken hat
weißt du dass er sich nicht mit seinen kumpels getroffen hat
weißt du dass er sich geschworen hat nie alkohol zu trinken
weißt du dass er nie wie sein vater werden will
weißt du dass sein vater gewalttätig ist

weißt du dass du all den menschen unrecht getan hast
weißt du dass du dich von deinen vorurteilen hast leiten lassen
weißt du dass du ihre geschichten nicht kennst
weißt du dass keiner von ihnen selber schuld ist
weißt du dass du mit ein paar freundlichen worten so viel hättest
bewirken können

dieses lachen

dieses Lachen
dieses kleine Lachen
das aus einem herausbricht
einfach so
ganz plötzlich

dieses Lachen
dieses kleine Glückslachen
das im ganzen Körper kribbelt
völlig verzaubernd
ganz plötzlich

dieses Lachen
dieses ansteckende Glucksen
das sich durch nichts aufhalten lässt
absolut unwiderstehlich
ganz plötzlich

dieses Lachen
genau dieses Lachen
liebe ich
weil es einfach auftaucht
ganz plötzlich

dieses Lachen
genau dieses Lachen
liebe ich
weil es dich einfach überkommt
ganz plötzlich

dieses Lachen
genau dieses Lachen
liebe ich
weil es für einen Moment so viel verändern kann
ganz plötzlich

Ausgebrannt

Ja, da ist irgendwo noch Licht in uns.
Aber es strahlt nicht mehr,
Sondern flackert nur noch.
Es wird nicht mit jedem Tag stärker,
Sondern immer schwächer.
Es leuchtet nicht mehr voller Kraft alles aus,
Sondern verbreitet gerade so viel Licht, dass wir noch einen Weg
erahnen können.
Es geht langsam aus,
Aber wir haben nichts mehr, um es am Brennen zu halten.
Wir sind bald ausgebrannt.

Vergesst das nicht

Verliebt euch ständig neu ineinander
und vergesst die Kleinigkeiten nicht,
die den anderen so liebenswert machen.
Lasst es immer wieder knistern
und vergesst die Momente nicht,
die das Miteinander so zauberhaft machen.
Lacht so oft wie möglich zusammen
und vergesst nicht,
dass beim Lachen Probleme sterben.

Haltet euch an der Hand
und hört nicht auf,
euch dabei immer wieder in die Augen zu schauen.
Haltet einander gut fest
und hört nicht auf,
auch wenn es mal schwieriger sein sollte.
Gebt einander Halt
und hört nicht auf,
einander immer wieder zu retten.

Hört einander,
auch wenn keiner etwas sagt
und um euch herum Lärm ist.
Hört einander zu,
wenn einer etwas zu sagen hat,
auch wenn gerade viel los ist.
Hört nicht auf,
einander zu hören und zuzuhören,
auch wenn der andere leise ist.

Seid einfach
und vergesst das nicht,
auch wenn es mal komplizierter ist.
Seid treu,
natürlich einander,
aber bleibt auch euch selbst treu.
Seid füreinander,
aber vergesst euch selbst nicht,
denn manchmal muss man auch mal für sich sein.

Lasst euch nichts entgehen
und hört nicht auf,
immer neue Herausforderungen zu suchen.
Geht immer neu aufeinander zu
und hört nicht auf,
euch immer wieder neu kennenzulernen.
Geht euren Weg gemeinsam
und hört nicht auf,
euch dabei an der Hand zu nehmen.

Versteht einander,
auch wenn der andere manchmal vielleicht ein bisschen komisch
ist,
das legt sich bestimmt bald wieder.
Gesteht euch Fehler ein,
auch wenn es manchmal nicht leicht ist,
aber es bringt euch weiter.
Steht auf und unternehmt etwas,
auch wenn es vielleicht einfacher wäre,
einfach liegenzubleiben.

Sucht im Dunkeln nach den Sternen
und vergesst dabei nicht,
dass sie auch mal hinter Wolken versteckt sein können.
Lasst die Sterne für euch leuchten
und vergesst dabei nicht,
dass sie am Tag genauso da sind, auch wenn ihr sie nicht seht.
Greift nach den Sternen
und vergesst dabei nicht,
den Blick nach oben zu richten.

Sucht im Regen den Regenbogen
und hört nicht auf,
seine Farben zu bewundern.
Werft im Regen den Regenschirm weg
und hört nicht auf,
das Einmal-Durchgewaschen-Werden zu genießen.
Tanzt im Regen
und hört nicht auf,
bis wenigstens ein paar Leute mitmachen.

Sucht im Schatten nach der Lichtquelle,
auch wenn es absurd scheint,
aber ohne Licht gibt es keinen Schatten.
Ruht euch im Schatten auch mal ein wenig aus,
auch wenn ihr meint,
dass keine Zeit für eine Pause ist.
Genießt die Ruhe im Schatten,
auch wenn sie ungewohnt ist,
und geht erst dann wieder zurück ins Licht.

Nehmt euch Zeit füreinander,
aber vergesst nicht,
auch an euch selbst zu denken.
Glaubt aneinander,
aber vergesst nicht,
auch an euch selbst zu glauben.
Achtet aufeinander
und vergesst dabei nicht,
auch auf euch selbst zu achten.

Schenkt einander Momente
und hört nicht auf,
sie zusammen in Gedanken immer wieder zu durchleben.
Schenkt euch Orte
und hört nicht auf,
sie zusammen immer wieder neu zu bereisen.
Schenkt euch Erinnerungen
und hört nicht auf,
zusammen immer mehr zu schaffen.

Wundert euch übereinander,
auch wenn ihr euch eigentlich kennt
und meint, so ziemlich alles übereinander zu wissen.
Bewundert einander
und sagt euch das auch,
auch wenn der andere es ja schon wissen müsste.
Sucht zusammen immer mehr Wunder,
auch wenn ihr meint, genug gefunden zu haben,
da sind immer noch mehr, die auf euch warten.

ER

Stille

Ich sitze
Ich atme
Ich bete

In Stille

Ich lasse Gedanken vorbeiziehen
Ich lasse los
Ich lasse mich fallen

In die Stille

Ich werde ruhig
Ich werde frei
Ich werde leicht

Durch die Stille

zwischen glaube und zweifel

ich glaube irgendwie
schon an irgendwas
das da ist
und auch was tut

ich glaube irgendwie
schon an irgendwas
das mehr ist
als wir uns vorstellen können

ich glaube irgendwie
schon an irgendwas
aber ich kann nicht einordnen
was das ist

ich glaube irgendwie
schon an irgendwas
aber ich weiß nicht genau
ob Du das bist

und jetzt steh ich hier
mitten im leben
und glaube an etwas
von dem ich nicht weiß was es ist

jetzt steh ich irgendwo
zwischen glaube und zweifel
und weiß nicht
was ich hier tue

ich weiß nicht wer Du bist
ich weiß nicht was Du tust
ich weiß nicht wo Du Dich aufhältst
ich weiß nicht was Du über uns denkst

ich weiß nicht ob Du uns hörst
ich weiß nicht ob Du es gut mit uns meinst
ich weiß nicht ob Du Dich für uns interessierst
ich weiß nicht ob es Dich überhaupt gibt

ich bin mir nicht sicher was ich von Dir halten soll
ich bin mir nicht sicher wie ich mit Dir umgehen soll
ich bin mir nicht sicher was ich glauben soll
ich bin mir nicht sicher wie ich Dich finde

ich bin mir nicht sicher ob das alles wahr ist was die leute sagen
ich bin mir nicht sicher ob ich darauf vertrauen kann
ich bin mir nicht sicher ob ich auf mein herz oder meinen kopf
hören soll
ich bin mir nicht sicher ob ich an Dich glauben soll

ich verstehe an manchen tagen nicht wie manche so einfach an
Dich glauben können
ich verstehe an manchen tagen nicht wie manche Dich scheinbar
nie anzweifeln
ich verstehe an manchen tagen nicht wie manche einfach mit dir
sprechen können
ich verstehe an manchen tagen nicht wie das für manche so
leicht sein kann

ich verstehe an manchen tagen nicht was über Dich erzählt wird
ich verstehe an manchen tagen nicht was das alles für mich
heute bedeuten soll
ich verstehe an manchen tagen nicht was mir das alles bringen
soll
ich verstehe an manchen tagen nicht was genau ich damit
anfangen soll

ich zweifle manchmal an Dir wenn ich mich umschaue
ich zweifle manchmal an Dir wenn ich manchen menschen
zuhöre
ich zweifle manchmal an Dir wenn ich nachts im bett liege und
nachdenke
ich zweifle manchmal an Dir wenn ein problem größer als die
lösung zu sein scheint

ich zweifle manchmal an Dir weil ich zu viel schlimmes höre
ich zweifle manchmal an Dir weil die falschen leute zu viel macht
haben
ich zweifle manchmal an Dir weil wir so viele schlechte
entscheidungen treffen
ich zweifle manchmal an Dir weil ich Dich nicht begreifen kann

aber ich denke dass das nicht alles ist
ich denke dass da noch einiges fehlt
ich denke dass da auch positive dinge sind
ich denke dass wir sie manchmal nur nicht gleich sehen

ich denke dass wir die augen aufmachen müssen
ich denke dass wir Dich dann sehen können
ich denke dass Du in den kleinen dingen steckst
ich denke dass ich dann an dich glaube

ich will an dich glauben auch wenn manchmal zweifel auftauchen
ich will an dich glauben auch wenn es mir manchmal nicht ganz
leicht fällt
ich will an dich glauben auch wenn mein kopf vor lauter logik hin
und wieder dagegen spricht
ich will an dich glauben auch wenn ich Dich noch nicht ganz
begreifen kann

ich will an dich glauben damit ich eine sicherheit in meinem leben
habe
ich will an dich glauben damit ich weiß dass immer jemand da ist
ich will an dich glauben damit ich Dir für all die wunderbaren
Menschen danken kann die ich um mich habe
ich will an dich glauben damit ich Dich irgendwann besser
verstehen kann

denn ich glaube an Dich wenn ich blühende blumen sehe
ich glaube an Dich wenn ich die ersten frühlingssonnenstrahlen
auf meiner haut fühlen kann
ich glaube an Dich wenn ich meine freunde sehe
ich glaube an Dich wenn ich eine ehrliche umarmung spüre

ich glaube an Dich weil ich es in manchen momenten zu spüren
glaube dass Du da bist
ich glaube an Dich weil ich hoffe dass Du auf uns aufpasst
ich glaube an Dich weil manche menschen in meinem leben ein
geschenk von Dir sein müssen
ich glaube an Dich weil da mehr sein muss

mehr als das leid das so oft unerkannt bleibt
mehr als die intoleranz die uns trennt
mehr als die unfreundlichkeit die uns hinter jeder ecke auflauert
mehr als die müdigkeit die uns widerstandslos alles hinnehmen
lässt

mehr als die arroganz die alles niederschlägt
mehr als die ungeduld die uns unüberlegte dinge tun lässt
mehr als die angst die uns gefangen hält
mehr als die hektik die uns die kleinen dinge nicht entdecken
lässt

mehr als der streit der einen keil zwischen uns schlägt
mehr als der hass der alles niedertrampelt
mehr als die probleme die uns ewig beschäftigen weil sie
scheinbar keine lösung haben
mehr als die zweifel durch die wir uns von Dir abwenden

da muss freude sein die uns die probleme für eine weile
vergessen lässt
da muss akzeptanz sein die uns aufeinander zugehen lässt
da muss begeisterung sein die andere ansteckt
da muss lebensfreude sein die uns die kleinen dinge erkennen
lässt

da muss achtung sein die uns den wert von leben zeigt
da muss geduld sein die uns weiterführt
da muss mut sein der uns aufstehen lässt
da muss ruhe sein die uns zeit zum nachdenken gibt

da muss versöhnung sein die uns zusammenführt
da muss liebe sein die bedingungslos ist
da muss hoffnung sein die uns kraft gibt
da muss glaube sein der uns hält

da musst Du sein

Bist du da?

Bist Du da,
wenn wir im Dunkeln warten?
Bist Du da,
wenn wir in der Stille wachen?
Bist Du da,
wenn wir in der Nacht beten?
Bist Du da?

Bist Du da,
wenn die Angst uns packt?
Bist Du da,
wenn unser Glaube zerbricht?
Bist Du da,
wenn unser Gebet nicht genug zu sein scheint?
Bist Du da?

Bist Du da,
wenn wir Dich suchen?
Bist Du da,
wenn wir auf dem Weg zu Dir sind?
Bist Du da,
wenn wir an Dir zweifeln?
Bist Du da?

Du wartest mit uns im Dunkeln.
Du wachst mit uns in der Stille.
Du betest mit uns in der Nacht.
Da bist du bei uns.

Du besiegst mit uns die Angst.
Du stellst unseren Glauben wieder her.
Du nimmst unser Gebet an.
Da bist du bei uns.

Du gibst uns Zeichen, damit wir dich finden.
Du zeigst uns den Weg zu dir.
Du beweist uns bei all unseren Zweifeln das Gegenteil.
Da bist du bei uns.

Zweifel

Wie soll ich an Gott glauben,
wenn ständig Menschen mir meine Hoffnung rauben,
wenn ich erzähle, was ich glaube?

Wie soll ich auf Gott vertrauen,
wenn mich Leute seltsam anschauen,
wenn ich erzähle, was ich glaube?

Wie soll ich Gott entgegengehen,
wenn die Leute nichts verstehen,
wenn ich erzähle, was ich glaube?

Wie soll ich Gott mein Leben schenken,
wenn ich überlege, was die Leute denken,
wenn ich erzähle, was ich glaube?

Wie soll ich mich in Gottes Hände geben,
wenn die Leute zweifelnd die Augenbraue heben,
wenn ich erzähle, was ich glaube?

Wenn es dich gibt

Sag, wenn es dich gibt,
wenn du wirklich da bist,
kannst du mir ein Zeichen geben?
Oder wahrscheinlich besser:
Kannst du mir die Augen öffnen,
damit ich deine Zeichen erkenne?

Sag, wenn es dich gibt,
wenn du wirklich auf uns Acht gibst,
kannst du es mir zeigen?
Oder wahrscheinlich besser:
Kannst du mein Herz öffnen,
damit ich es spüren kann?

Sag, wenn es dich gibt,
wenn du wirklich unter uns Menschen warst,
kannst du es mir vielleicht beweisen?
Oder wahrscheinlich besser:
Kannst du nochmal zu uns kommen,
damit ich mich mit eigenen Augen davon überzeugen kann?

Sag, wenn es dich gibt,
wenn du wirklich solche Wunder bewirkt hast,
kannst du das bei mir auch mal machen?
Oder wahrscheinlich besser:
Kannst du mir eins zeigen,
damit ich sie dann selbst erkennen kann?

Sag, wenn es dich gibt,
wenn du wirklich am Kreuz gestorben bist,
kannst du meins auch tragen?
Oder wahrscheinlich besser:
Kannst du mir Kraft geben,
damit ich es selbst tragen kann?

Sag, wenn es dich gibt,
wenn du wirklich auferstanden bist,
kannst du es mir erklären?
Oder wahrscheinlich besser:
Kannst du mir helfen,
damit ich es glauben kann?

Sag, wenn es dich gibt,
wenn du wirklich allen Menschen vergeben konntest,
kannst du mir das auch beibringen?
Oder wahrscheinlich besser:
Kannst du mir zeigen, wie ich mir selbst verzeihe,
damit ich dann anderen verzeihen kann?

Auferstehung

Auferstehung
sich umwenden
den Blick auf etwas richten
aufschauen

Auferstehung
loslassen
das Vergangene sein lassen
erkennen

Auferstehung
warten
sich die Zeit nehmen
verstehen

Auferstehung
weitergeben
anderen davon erzählen
teilen

Begegnung mit Gott

Ich zweifle und denke zu viel.
Ich hinterfrage meinen Glauben und suche nach einem Ziel.
Ich vertrau Dir nicht immer und wende mich ab.
Ich bin mir nicht sicher, was ich an Dir hab.
Ich suche Ruhe und finde sie nicht.
Ich verstehe nicht, was mir die Bibel verspricht.
Ich mache mir Druck und hetze umher.
Ich hab irgendwann keine Kraft mehr und fühle mich leer.

Und Du legst mir Deine Hand auf die Schulter,
nimmst mich in den Arm
und siehst mich.
Du siehst mich, wie ich bin
mit allen Fehlern und allen Fähigkeiten.
Du nimmst mich an, wie ich bin
mit allen Zweifeln und Unsicherheiten.
Du kennst meine Geschichte
mit allen leuchtenden und allen schattigen Seiten.
Du liebst mich
trotz und mit allem, was ich bin.

Im Alltag vergesse ich, dass es Dich auch noch gibt,
dass da immer jemand ist, der mich liebt.
Im Alltag verschließe ich die Augen,
verlerne manchmal sogar beinah zu glauben.
Im Alltag blende ich Dich fast schon aus,
komme aus dem Stress nicht lang genug raus.
Im Alltag bist Du manchmal grad so Statist,
weil ich vergesse, wer Du für mich bist.

Und Du legst mir Deine Hand auf die Schulter,
nimmst mich in den Arm
und siehst mich.
Du siehst mich, wie ich bin
mit allen Fehlern und allen Fähigkeiten.
Du nimmst mich an, wie ich bin
mit allen Zweifeln und Unsicherheiten.
Du kennst meine Geschichte
mit allen leuchtenden und allen schattigen Seiten.
Du liebst mich
trotz und mit allem, was ich bin.

Ich glaube nicht genug an mich,
bin viel zu häufig nicht ganz ehrlich.
Lüge mich oft genug auch selber an,
wenn ich mir nicht eingestehen kann,
dass mich etwas mehr trifft als ich dachte,
auch wenn es mir damals wohl nichts ausmachte.
Vergeben ist manchmal so unglaublich schwer,
denn wo nehme ich das Vertrauen dafür her?

Und Du legst mir Deine Hand auf die Schulter,
nimmst mich in den Arm
und siehst mich.
Du siehst mich, wie ich bin
mit allen Fehlern und allen Fähigkeiten.
Du nimmst mich an, wie ich bin
mit allen Zweifeln und Unsicherheiten.
Du kennst meine Geschichte
mit allen leuchtenden und allen schattigen Seiten.
Du liebst mich
trotz und mit allem, was ich bin.

Du nimmst mich an die Hand und gehst mit mir den Weg,
wenn ich mein Leben in deine Hände leg.
Du wartest auf mich, wenn ich eine Pause brauche,
ziehst mich wieder raus, wenn ich mal untertauche.
Du gibst mir Zeichen, dass Du da bist,
versicherst mir, dass Du mich nicht vergisst.
Du bist bei mir, wenn ich umkehren will,
empfängst mich mit offenen Armen ganz still.

Und Du legst mir Deine Hand auf die Schulter,
nimmst mich in den Arm
und siehst mich.
Du siehst mich, wie ich bin
mit allen Fehlern und allen Fähigkeiten.
Du nimmst mich an, wie ich bin
mit allen Zweifeln und Unsicherheiten.
Du kennst meine Geschichte
mit allen leuchtenden und allen schattigen Seiten.
Du liebst mich
trotz und mit allem, was ich bin.

Jesus

Da ist einer,
der auf die Menschen zugeht,
keine Vorurteile zu haben scheint,
in jedem etwas Wertvolles sieht.

Da ist einer,
der Kranke heilt,
Hungrige versorgt,
Durstigen etwas zu trinken gibt.

Da ist einer,
der Wunder geschehen lässt,
der alle Grenzen sprengt,
der einfach wieder von den Toten aufersteht.

Da ist einer,
der sein ganzes Leben Gott widmet,
der sagt, dass er sein Sohn ist,
der ganz nach Gottes Willen handelt.

Da ist einer,
der jede Menge Leute gegen sich aufbringt,
der einfach das tut, was er für richtig hält,
dem es egal ist, was andere von ihm denken.

Da ist einer,
der scheinbar perfekt ist,
der voller Überzeugung alles richtig macht,
der scheinbar nie Fehler macht.

Und doch, oder gerade deswegen
fällt es mir schwer, ihn anzunehmen
fällt es mir schwer, ihn ernst zu nehmen
fällt es mir schwer, ihn in mein Leben aufzunehmen
fällt es mir schwer, das nicht alles auseinanderzunehmen
fällt es mir schwer, meine Zweifel fortzunehmen
fällt es mir schwer, das alles einfach hinzunehmen

fällt es mir schwer, einen Weg mit ihm auf mich zu nehmen
fällt es mir schwer, ihn ernsthaft wahrzunehmen

Denn wer ist das?
Wer ist das, der keine Vorurteile hat?
Wer ist das, der bedingungslos einfach hilft?
Wer ist das, der Grenzen übertritt und dafür jetzt verehrt wird?
Wer ist das, der nur für Gott lebt?
Wer ist das, der ohne Zweifel das tut, was er für richtig hält?
Wer ist das, der keine Fehler hat?

Sie nennen ihn Jesus, Christus, Messias, Retter, Heiland, Herr,
Erlöser, Licht der Welt, Lamm Gottes und so viel mehr.

Aber wer ist das?
Wer ist das für mich?
Wie soll ich so einen verstehen?
Wie soll so jemand für mich ein Vorbild sein?

Ich versuche, vorurteilsfrei zu sein,
aber habe ich nicht immer ein Bild, einen ersten Eindruck, von
einem Menschen, das meinen Blick auf ihn prägt, auch wenn ich
viel davon zurückdrängen kann?
Ich helfe gern und bin zur Stelle, wenn mich jemand braucht,
aber denke ich nicht auch manchmal darüber nach, welchen
Vorteil ich daraus ziehe?
Ich übertrete auch mal Grenzen,
aber ist da nicht immer der Gedanke, die Angst, dahinter, was
andere dann von mir denken könnten?
Ich bete auch gern und glaube irgendwie an Gott,
aber kann ich mir vorstellen, mein ganzes Leben für Ihn oder
wenigstens nach seinen Vorstellungen zu leben?
Ich mache auch gern das, was ich für richtig halte,
aber zweifle ich nicht immer wieder daran, ob das auch wirklich
das Richtige ist?
Ich bin auch immer wieder mal davon überzeugt, dass ich etwas
gut gemacht habe,
aber ich bin weit davon entfernt, keine Fehler zu haben und vor
allem zu machen.

Wie soll also jemand, der scheinbar so perfekt ist, für mich, die so viele Fehler macht und hat, ein Vorbild sein?

Ich werde immer mal Menschen verurteilen,
auch wenn ich mich noch so sehr dagegen wehre.
Ich werde immer mal für mich den Vorteil suchen,
auch wenn ich den Gedanken schnell wieder verdränge.
Ich werde immer mal darüber nachdenken, was andere von mir denken könnten,
auch wenn ich mir einrede, dass es mir egal ist.
Ich werde immer mal gegen Gottes Willen handeln,
auch wenn ich bemüht bin, seinen Weg nachvollziehen zu können.
Ich werde immer mal an mir und meinen Entscheidungen zweifeln,
auch wenn ich dahinter stehen sollte.
Ich werde immer mal Fehler machen,
auch wenn ich mich noch so sehr bemühe.

Ich werde nie so gut sein.
Ich werde immer weit hinter ihm landen.
Ich werde mich fragen, was das soll.
Ich werde mich fragen, warum ich das mache.
Ich werde frustriert sein, weil ich nicht so bin.
Ich werde mir überlegen, warum ich es überhaupt versuche.

Vielleicht, weil es schon ein Anfang ist,
wenn ich mich gegen die Gedanken wehre und wenigstens versuche, die Vorurteile in den Hintergrund zu schieben.
Vielleicht, weil es manchmal neben aller Selbstlosigkeit und Hilfsbereitschaft auch wichtig ist,
an meinen Vorteil zu denken, der ja auch „nur" ein gutes Gefühl sein kann.
Vielleicht, weil es schon ein Anfang ist,
manchmal eine eigene kleine Grenze zu übertreten, auch wenn ich Angst davor habe.
Vielleicht, weil es ein großer Schritt ist,

wenn ich mir Gedanken darüber mache, wie Er handeln würde
und mir die Unterschiede bewusst mache und vielleicht daraus
lerne.
Vielleicht, weil Zweifel manchmal ein Zeichen dafür sind,
dass ich bewusst lebe und mir Gedanken über meine
Entscheidungen und mein Handeln mache.
Vielleicht, weil ich aus Fehlern immer und immer wieder lernen
kann,
um beim nächsten Mal anders zu handeln.

Worttraumtänze

Mit Wörtern können wir fliegen.

Wir kreieren mit ihnen neue Welten,
in die wir flüchten können,
wenn uns die Realität zu viel wird.

Wir schaffen Raum für Träume,
in denen wir wieder lernen,
auf unsere Weise durchs Leben zu tanzen.